Christiane Busch-Lüty
Leben und Arbeiten im Kibbuz
Aktuelle Lehren aus einem achtzigjährigen Experiment

Christiane Busch-Lüty

# Leben und Arbeiten im Kibbuz

Aktuelle Lehren aus einem achtzigjährigen Experiment

Bund-Verlag

CIP-Titelaufnahme der Deutschen Bibliothek
**Busch-Lüty, Christiane:**
Leben und Arbeiten im Kibbuz : aktuelle Lehren aus einem achtzigjährigen Experiment / Christiane Busch-Lüty. – Köln : Bund-Verl., 1989
 ISBN 3-7663-3008-X


© 1989 by Bund-Verlag GmbH, Köln
Lektorat: Gunther Heyder
Herstellung: Heinz Biermann
Umschlag: Kalle Giese, Overath
Satz: Satzbetrieb Schäper GmbH, Bonn
Druck: satz + druck gmbh, Düsseldorf
Printed in Germany 1989
ISBN 3-7663-3008-X

Alle Rechte vorbehalten, insbesondere die des öffentlichen Vortrags,
der Rundfunksendung und der Fernsehausstrahlung,
der fotomechanischen Wiedergabe, auch einzelner Teile.

# Inhalt

Vorwort .................................... 9

Zur Einführung in das mikrosozialistische
Experiment KIBBUZ ........................ 11

Ein konkretes Kibbuz-Portrait aus der Feder eines
Gründungs-Kibbuznik: »HASOREA 1989« ....... 19

1. Die historische Funktion des Kibbuz:
   Avantgarde zionistischer Siedlungsarbeit ....... 31
   1.1 Siedlungsgeographie .................... 31
   1.2 Entwicklungsgeschichte ................. 34
   1.3 Kibbuz-Status-quo 1989 ................. 36

2. Der ideologische Fundus des Kibbuz:
   Vision einer neuen Gesellschaft .............. 40
   2.1 »Eroberung der Arbeit« als Leitziel des
       zionistischen Sozialismus ................ 40
   2.2 Kibbuz-Prinzipien: Freiwilligkeit als Basis ... 43
   2.3 Ständige Ausbalancierung von Freiheit und
       Gleichheit als Überlebensbedingung ........ 48

3. Der »kibbuz way of life«:
   eine ganzheitliche Lebensform ................ 52
   3.1 Generationengemeinschaft ................ 52

3.2 Geschlechterrollen im Kibbuz: Erfahrungen nach Vergemeinschaftung der Haus- und Sorgearbeit .................. 55
3.3 Ein »homo kibbuzius«? ................. 59
3.4 Der Kibbuz als egalitäre Konsumgemeinschaft .................... 63

4. Wirtschaftsform Kibbuz: Wandel und Kontinuität nach Maßgabe des Faktors Arbeit ........................... 68
  4.1 Kibbuz-Landwirtschaft: mehr als ein Produktionszweig ...................... 68
  4.2 Die »industrielle Revolution« im Kibbuz .... 71
    4.2.1 Ursachen ........................ 71
    4.2.2 Fakten .......................... 74
    4.2.3 Folgen .......................... 75
  4.3 Zur ökonomischen Krise der Kibbuzim heute 80

5. Exemplarische Sozialinnovationen im Kibbuz: Herausforderung durch gewandelte Arbeitsbedürfnisse ........................ 84
  5.1 Exempel 1: Die »Higher Educational-Revolution« der siebziger Jahre: Zukunftsinvestitionen in junge Kibbuzniks .................. 84
  5.2 Exempel 2: Altersgerechter »Arbeitsstand« für Kibbuz-Senioren .......... 90
  5.3 Exempel 3: Nutzung neuer Technologien zur Selbstverwirklichung in der Arbeit ..................... 95

6. Der Kibbuz als »ökologisches Gemeinwesen«: Elemente alternativer Lebensqualität .......... 98
  6.1 Qualität des Arbeitslebens im Kibbuz: sinnvolle Tätigkeit für den ganzen Menschen 99
  6.2 Qualität des Gemeinschaftslebens im Kibbuz: funktionierende Basisdemokratie .......... 104

6.3 Qualität des natürlichen Lebensraums
Kibbuz:
das »urbane Dorf« ...................... 107

7. Das Kibbuz-System in seinen übergreifenden
Organisationsformen und Kooperativen ........ 109
   7.1 Die Dachorganisationen ................. 109
   7.2 Die Regionalunternehmen ................ 112

8. Die Kibbuzim in der Gesellschaft Israels heute .. 115
   8.1 »Ständige Herausforderung« als Prinzip .... 115
   8.2 Verlust alter und Aufbau neuer
      Führungsfunktionen im Zeichen des
      Zionismus ............................ 117
   8.3 Modellfunktion durch Wertepluralismus:
      eine neue Pionierrolle? ................... 120
   8.4 Kibbuz-Judaismus: Renaissance der Tradition 121
   8.5 Wie attraktiv sind die Kibbuzim für die
      heutigen Israelis? ........................ 124

9. Zur Relevanz der Kibbuz-Erfahrungen für die
Suche nach alternativen Lebens-, Arbeits- und
Wirtschaftsformen in der modernen
Industriegesellschaft ........................ 129
   9.1 Lektion für Ost und West:
      Sozialismus ist vereinbar mit wirtschaftlichem
      Erfolg und individueller Freiheit ........... 129
   9.2 Versuchs- und Lernfeld Kibbuz:
      Anschauungsunterricht zur Praktikabilität
      sozialer Innovationen – auch für unsere
      Gesellschaft ........................... 133

Verzeichnis der Literaturquellen ................. 144

Tabellarische Übersicht der Kibbuzim in Israel .... 147

# Vorwort

Dieses Buch ist in mehrfacher Hinsicht ein »Sammelbekken«; in ihm verbinden sich verschiedene Studienarbeiten in und über Israel in den vergangenen 12 Jahren. Alle sind sie entstanden aus der Faszination und Herausforderung zugleich, die dieses Land Israel und seine Menschen von Anbeginn für mich bedeutete, als ich es 1977 erstmalig mit einer Studiengruppe der Bundeszentrale für Politische Bildung betrat. Seither bin ich fast zur »Wandernden zwischen zwei Welten« geworden; Begegnungen, Erfahrungen, Einlassungen, Bindungen in und mit diesem Land haben sich vervielfältigt und verdichtet. Dazu gehören auch die Aktivitäten als akademische Lehrerin auf diesem Feld, zumal die Studienexkursionen mit meinen Studenten in Israel. Dies alles ist gewissermaßen der »Mutterboden« dieses Buches – der vor allem zurückreicht zu einigen dunklen, damals unbegreiflichen Erinnerungsflecken der Kindheit...

Auch die Faszination der Welt des Kibbuz entstand aus persönlichen Begegnungen im Lande; im Laufe der Jahre sind daraus bei Besuchen in etwa 30 Kibbuzim eine große Vertrautheit und vielfältige Verbindungen menschlicher und wissenschaftlicher Art entstanden. Dabei war es weniger das *fach*wissenschaftliche Interesse der Ökonomin, das herausgefordert wurde; denn dem Kibbuz als »Vision zum Anfassen« in fachwissenschaftlich verengter Sicht gerecht zu werden kann kaum gelingen.

Deswegen hat auch bei diesem Buch weniger ökonomische Fachkompetenz als die Neigung zum »Querdenken« und zum Fragen nach verantwortbarem wissenschaftlichen Tun die Feder geführt. Zumal es zu seinen Anliegen gehört, gerade jungen Menschen bei uns das »andere Israel« nahezubringen, das hinter vielen spektakulären und häufig negativen Schlagzeilen der Tagespolitik in Vergessenheit zu geraten droht. Darüber hinaus aber unternimmt es den Versuch, die »Botschaft« des Kibbuz für unsere eigene Sicht und Diskussion der Probleme unserer Gesellschaft nutzbar zu machen: es ließe sich so manches lernen daraus!

Mein Dank für vielfältige Anregungen und erhellende Diskussionen gilt neben vielen Gesprächspartnern unter den Kibbuzniks bei meinen Besuchen insbesondere zahlreichen Wissenschaftler-Kollegen in den israelischen Kibbuz-Forschungsinstituten, speziell dem Yad Tabenkin in Efal; dort bin ich besonders Stanley Maron und Dan Karmon zu Dank verpflichtet. Gleiches gilt für das Institute for Study and Research of the Kibbutz and the Cooperative Idea an der Universität Haifa, wo vor allem Uri Leviatan, Jaakov Glück und Chava Jonas immer wieder dazu beigetragen haben, für mich die Kibbuz-Welt transparenter zu machen.

Dank schulde ich auch meinem Mitarbeiter Hans-Werner Regele für seine umsichtige Unterstützung, insbesondere die sorgfältige Anfertigung des Kibbuz-Katalogs im Anhang dieses Buches, sowie Frau Helga Klos für die Erstellung des Manuskriptes.

*Widmen* möchte ich dieses Buch meinen drei Kindern Andreas, Juliane und Florian: zumal ich von Andreas' Begleitung meiner Arbeiten mit der konstruktiv-respektlosen Kritik des jungen Wissenschaftlers viel profitiert habe, meiner Tochter aber den ständigen lebendigen Kontakt mit der Kibbuz-Welt verdanke, die sie immer wieder frisch und intensiv aus ihrer zweiten Heimat im Kibbuz Mayan Zwi mit heimbringt – einschließlich ihrer Kibbuz-»Eltern« Ilana und Alex Labin, die in besonderer Weise hilfreich waren beim Zustandekommen dieses Buches.

Ebenhausen/Isartal, im März 1989    Christiane Busch-Lüty

# Zur Einführung in das mikrosozialistische Experiment KIBBUZ

Ein »verwegenes Unternehmen des jüdischen Volkes«, in dessen Verlauf er »ein vorbildliches Nicht-Scheitern« sehe, – so nannte der jüdische Philosoph Martin Buber vor 40 Jahren die damals in Israel bestehenden etwa 150 Kibbuzim[1]: jene auf rigorose sozialistische Prinzipien gegründeten landwirtschaftlichen Gemeinschaftssiedlungen, die in der jüdisch-zionistischen Besiedlung Palästinas seit Beginn des 20. Jahrhunderts eine so hervorragende Rolle gespielt haben, daß sie in aller Welt zum Markenzeichen für Pioniergeist und Lebensqualität des jungen israelischen Gemeinwesens wurden. Das Interesse, das sie weit über Israels Grenzen hinaus fanden, galt immer vorwiegend dem Kibbuzphänomen in seiner *historischen* Dimension: seiner Rolle beim Aufbau des jüdischen Staates in Israel in der ersten Hälfte des 20. Jahrhunderts, allenfalls noch als funktionierende Utopie eines kommunistischen Gemeinwesens; denn immerhin hat der israelische Kibbuz als »mikrosozialistisches« Experiment eine ebenso lange Geschichte wie das erste sozialistische Experiment auf nationalstaatlicher Grundlage, die Sowjetunion.

Mit Ende der Pionierphase und bei vielfach gewandelten politischen und sozialökonomischen Problemlagen in Israel wurde es in den letzten zwei Jahrzehnten wesentlich stiller um die Kibbuzim. Als heroische Relikte der Pionierzeit

---

1 Martin Buber: Pfade in Utopia, Heidelberg 1950, S. 231.

wurden sie nicht selten schon für überlebt erklärt; zumal die expansionistische großisraelische Siedlungspolitik der Likud-Regierungen im besetzten Westjordanland seit 1977 kaum noch etwas gemeinsam hat mit den geistig-politischen Wurzeln und Motiven der Kibbuz-Siedlungsbewegung.

Repräsentierten bei der Staatsgründung 1948 die Kibbuzim noch 7,8 Prozent der jüdischen Bevölkerung, so sank dieser Anteil ab Mitte der sechziger Jahre unter 4 Prozent. Heute leben in den inzwischen 275 Kibbuzim in Israel ca. 130 000 Menschen, das sind knapp 3,7 Prozent der jüdischen Bevölkerung des Landes. Da diese jüdische Bevölkerung Israels sich aber in den 40 Jahren seit der Staatsgründung mehr als verfünffacht hat, stellt die Kibbuzbewegung in Israel ein typisches Minderheitenphänomen dar.

Die zunehmende soziale und auch ökonomische Differenzierung der ursprünglich extrem egalitären israelischen Gesellschaft im Zuge ihrer Entwicklung zu einer normalen pluralistischen Industriegesellschaft trug ebenfalls dazu bei, die Kibbuzim als elitäre Inseln am Rande des politischen und sozialen Geschehens im modernen Israel erscheinen zu lassen. Allerdings dokumentiert sich ihre besondere nationale Prägkraft nach wie vor in dem überproportionalen Beitrag ihrer Menschen und produktiven Leistungen auf allen Gebieten, sei es gemessen am Anteil an der politischen, militärischen oder kulturellen Führungselite Israels, aber auch an der wirtschaftlichen und sozialen Produktivität und Innovationskraft des Landes.

Offenkundig haben sich die Kibbuzim als dauerhafte alternative Lebens- und Wirtschaftsform inmitten einer kapitalistischen Industriegesellschaft aber nicht nur *behaupten* können, sondern sie haben sich sogar in einer *neuen Pionierrolle als Schrittmacher sozialen Fortschritts* bewährt:

● Dank überdurchschnittlicher wirtschaftlicher Dynamik und Prosperität stehen die Kibbuzim in fast allen Bereichen an der Spitze der Entwicklung in ihrem Land. Als mikrosozialistische Organisationen haben sie sich im

Rahmen der in Israel dominierenden marktwirtschaftlichen Makroordnung und Spielregeln meist als äußerst vital und produktiv erwiesen. Ihr Wandlungsprozeß im Zuge einer »sanften Industrialisierung«, ohne Preisgabe ihrer unverwechselbaren Identität, stellt dabei ein besonders bemerkenswertes Phänomen dar.

- Zwar ist heute die Funktion der Kibbuzim als wehrhafte Stützpunkte und Grenzwächter der jüdischen Siedlungsbewegung in Israel geschichtlich überholt, jedenfalls momentan politisch nicht mehr relevant. In vielerlei Hinsicht aber sind die Kibbuzim in den letzten Jahren zu moralischen Bastionen ihres Landes geworden, Bastionen der Friedensbewegung, der jüdisch-arabischen Verständigung, des »anderen Israel« – in einem zunehmend von extremen politischen Tendenzen und Konflikten geschüttelten Land oft als oppositioneller Gegenpol zum regierungsamtlichen Kurs, im Sinne eines moralisch und humanitär fundierten Zionismus. Daß in den letzten Jahren das Prestige der Kibbuzim wieder auffallend gestiegen ist, hat sicher vorrangig mit diesem hohen moralischen Ansehen zu tun, angesichts wachsender Identifizierungsprobleme vieler – und nicht der schlechtesten – israelischen Bürger mit ihrem Staat in vielen seiner Erscheinungsbilder.

- Eng verbunden mit den beiden genannten Trends stellt sich der Kibbuz heute als Modell und Experimentierfeld alternativer Lebens-, Abeits- und Wirtschaftsformen dar. Möglicherweise ist das in neuerer Zeit zu vermerkende verstärkte Mitgliederwachstum der Kibbuzim bereits Ausdruck dieser Attraktion, die seine unkonventionellen innovatorischen Lösungen zur Gestaltung der gesellschaftlichen und wirtschaftlichen Beziehungen für die Menschen bilden: sei es in seiner Arbeitswelt, in seinem Erziehungs- und Bildungswesen, in seiner Generationengemeinschaft, insbesondere der Rolle der Alten; oder in seinen Angeboten zur Überbrückung gesellschaftlicher Spannungsfelder allgemein: zwischen Arbeit und Freizeit, Produktion und Konsum, Gemeinsinn und Individualismus, Industrie und Landwirtschaft, Technik und Mensch, Stadt und Land.

Nicht zuletzt wegen der notorischen Neigung und Befähigung der Kibbuzniks zu permanenter und radikaler Reflexion ihrer eigenen Situation ist der Kibbuz eines der meisterforschten Gesellschaftssysteme überhaupt; es stellt gewissermaßen ein »Soziallabor« von hoher Transparenz dar, das zum Studium der Probleme und zur Erprobung von Problemlösungen der modernen Gesellschaft geradezu ideale Bedingungen bietet.

Daß dennoch von den Erfahrungen der Kibbuzim nach drei Generationen in der deutschsprachigen sozialwissenschaftlichen Literatur bisher vergleichsweise wenig Kenntnis genommen wurde, ist sicher nicht nur auf die in der Bundesrepublik immer noch verbreiteten Berührungsängste gegenüber israelischen Angelegenheiten zurückzuführen, sondern auch mit bedingt durch antikollektivistische Fixierungen vor dem Hintergrund des ideologischen Ost-West-Schemas in den Nachkriegsjahrzehnten. Allerdings fällt auf, daß neuerdings hierzulande der Kibbuz unter zeitgemäßen Etiketten wieder häufiger in der wissenschaftlichen Literatur auftaucht: etwa als Beispiel einer integrierten Genossenschaft (Bartölke); oder als »bislang erfolgreichstes Projekt alternativer Ökonomie« und »zukunftsweisendes und zugleich praktikables Projekt der sozialen Emanzipationsbewegung« (Heinsohn), das als solches Eingang in Entwürfe ökosozialistischer Politik gefunden hat (Opielka), als Lernfeld für den Aufbau von Kommunen (Vilmar) oder auch als Antwort auf den Innovations- und Utopiebedarf in unserem Erziehungswesen (Melzer/Neubauer)[2].

---

2 Klaus Bartölke, Theodor Bergmann, Ludwig Liegle (Hrsg.): Integrated Cooperation in the Industrial Society: the Example of the Kibbutz, Assen 1980; Gunnar Heinsohn (Hrsg.): Das Kibbuz-Modell, Bestandsaufnahme einer alternativen Wirt-

Es hat nie Geist und Selbstverständnis der Kibbuzbewegung entsprochen, sich und ihre Lebensformen der Außenwelt schlicht zur Nachahmung zu empfehlen; dazu ist den Kibbuzniks Selbstzufriedenheit zu fremd und ihre Neigung viel zu notorisch, ihre Leistungen eher an ihren eigenen hohen Gründungsidealen als an den mäßigen Erfolgen anderer Gesellschaften zu messen. Daher erklärt sich wohl auch ein traditionell auffällig geringes Interesse der Kibbuzbewegung an Außenkontakten und -darstellung, zumindest über die Landesgrenzen hinweg. Auch hier ist aber in den letzten Jahren ein Wandel zu vermerken. Man sucht neuerdings verstärkt Bundes- und Gesinnungsgenossen weltweit, was sich etwa 1985 in einer großen Konferenz in Israel zu internationalen Perspektiven des »kommunalen Lebens« in Regie der Kibbuzbewegung zeigte[3], desgleichen u.a. in verstärkten fremdsprachlichen publizistischen Aktivitäten, die die ausstrahlende Kraft des Kibbuzgedankens in den internationalen Raum transportieren und seine Relevanz für die Gestaltung gemeinschaftlicher Formen modernen Lebens vermitteln sollen. Auch die jüngsten Bemühungen, an der Universität Haifa im Rahmen des »Instituts zur Erforschung des Kibbuz und der Genossenschaftsidee« einen Lehrstuhl zu errichten, der die Relevanz der Kibbuz-Erfahrungen für die Industriegesellschaften insgesamt in Forschung und Lehre vertreten soll, liegen auf dieser Linie.

So kann – um in der eingangs zitierten Fassung Martin Bubers zu bleiben – das »Vorbildliche« des auch nach nunmehr achtzig Jahren noch immer »nicht gescheiterten ver-

---

schafts- und Lebensform nach sieben Jahrzehnten, TB Ed. Suhrkamp, Frankfurt 1982; Michael Opielka (Hrsg.): Die ökosoziale Frage. Alternativen zum Sozialstaat, TB Fischer, Frankfurt 1985; Fritz Vilmar: Kommunen aufbauen – vom Kibbuz lernen. Schritte zur Verwirklichung eines alternativen Sozialismuskonzepts. Unveröffentlichtes Typoskript, Berlin 1988; Wolfgang Melzer, Georg Neubauer (Hrsg.): Der Kibbuz als Utopie, Weinheim/Basel 1988.
3 Josef Gorni, Yaaco Oved, Idit Paz (ed.): Communal Life. An International Perspective. Lectures delivered at The International Conference on Kibbutz & Communes, Mai 1985, Yad Tabenkin-Efal, Israel.

wegenen Unternehmens des jüdischen Volkes« vielleicht doch noch auch bei uns wahrgenommen und sogar genutzt und beherzigt werden.

Relevanz wie Aktualität der Lehren des Kibbuz liegen auf der Hand, gerade auch vor dem Hintergrund gegenwärtiger gesellschaftspolitischer Grundsatzdiskussionen in der Bundesrepublik um die richtigen und notwendigen Schritte auf dem Weg zu einer humaneren und solidarischeren Gesellschaft der Zukunft.

Diese Orientierung bestimmt deswegen auch Blickwinkel, Wegwahl und Zielrichtung der Betrachtungen des Kibbuz in diesem Buch. Sie konzentrieren sich vor allem auf drei Perspektiven:

1. Dank der zentralen Rolle der »Arbeit« als integraler Bestandteil von »Leben« im Kibbuz sind die Produktionsverhältnisse in den Kibbuzim konsequent nach den – in der Generationenfolge sich wandelnden – Arbeitsbedürfnissen der Kibbuzniks weiterentwickelt worden: eine »Humanisierung der Arbeitswelt«, die sich auf allen Ebenen ständig um die Erhaltung und Neuschaffung »sinnvoller« Tätigkeiten für den »ganzen« Menschen bemüht. Sie eröffnet eine Fülle von Perspektiven für die Gestaltung der Zukunft der Arbeit in der modernen Industriegesellschaft.

2. In seiner ganzheitlich integrierten Struktur und Lebensorientierung auf der Basis freiwilliger Identifizierung seiner Mitglieder mit einem verbindlichen Normensystem kommt der Kibbuz Vorstellungen von einem »ökologischen Gemeinwesen« sehr nahe; dies soll zumindest an einigen Elementen der spezifischen Lebensqualität im Kibbuz exemplarisch verdeutlicht werden.

3. Schließlich ist die Bewältigung des Prozesses einer »sanften« Industrialisierung in den Kibbuzim nicht nur deshalb bemerkenswert und aufschlußreich, weil sie auch ökonomisch im Ganzen erfolgreich war und die Kollek-

tivwirtschaft des Kibbuz sich im Leistungsvergleich mit ihrem kapitalistischen Umfeld vielfach sogar als überlegen erwiesen hat; sie kann darüber hinaus als mögliches Muster einer »ländlichen Industrialisierung« gelten und zugleich Vorstellungen – im Sinne von E. F. Schumachers »small is beautiful« – über das urbane Dorf als natürlichen Lebensraum konkretisieren helfen.

Da das Interesse dieser Arbeit vor allem den *Lehren* gilt, die aus dem achtzigjährigen Experiment KIBBUZ für *unsere heutige* Gesellschaft, insbesondere in der Bundesrepublik Deutschland zu gewinnen sind, werden die historische Funktion und die ideologischen Grundlagen des Kibbuz als Instrument des Zionismus eingangs nur soweit beleuchtet werden, als dies für das Verständnis des Kibbuz-Phänomens unerläßlich ist. Die weiteren Betrachtungen sind zentriert auf den Kibbuz als ganzheitliche Lebens-, Arbeits- und Wirtschaftsform und seine speziellen sozialinnovatorischen Leistungen als kollektive Arbeitsgesellschaft. Von den vier »Dimensionen« des Kibbuz: Produktion und Arbeit – Konsumtion – politisch-administrative Ordnung – Erziehungswesen ist es daher die erstgenannte, die im wesentlichen bestimmend ist für Auswahl und Perspektive dieses Buches.

Allem vorangestellt ist ein konkretes Kibbuz-Portrait aus der Feder eines Kibbuzniks der Gründergeneration, Jakob Michaeli: HASOREA 1989. Auch wenn ein derartiges Portrait nicht den lebendigen Eindruck zu ersetzen vermag, den ein persönlicher Besuch in einem israelischen Kibbuz vermitteln würde, so soll es doch zumindest die Vorstellungen des Lesers davon konkretisieren helfen. Daß dafür die Wahl auf den Kibbuz Hasorea im Yizreel-Tal fiel, obgleich er in seiner ideologischen wie auch materiellen Statur eher ein »Muster-« als ein »Durchschnitts«-Kibbuz ist, erklärt sich zum einen daraus, daß er für die Verfasserin vor vielen Jahren die erste »Anlaufstelle« war bei der Erkundung der Kibbuzwelt Israels, aus der sich mancherlei freundschaftliche und wissenschaftliche Beziehungen entwickelt haben; Hasorea ist aber darüber hinaus generell gerade für deutsche Besucher Israels in besonderer Weise attraktiv und leicht »zugänglich«, – wie jüngst im Sommer 1988 die Verfasserin wieder einmal auf einer Studienexkursion mit ihren deutschen Studenten erfahren durfte.

# Ein konkretes Kibbuz-Portrait aus der Feder eines Gründungs-Kibbuznik*:
# »HASOREA 1988«

»Ja – heute gibt es sehr wenig Vergleichsmöglichkeiten mit dem winzigen Punkt auf der Landkarte, der aus ein paar Zelten und Baracken bestand: Hasorea wurde 1936 von 70 jungen Einwanderern in einer baumlosen Einöde mit vielen Disteln im Yizreel-Tal, 18 Kilometer östlich von Haifa, gegründet. Aber jetzt sagen viele Besucher von diesem Platz mit seinen Rasen- und Baumflächen, daß die Gründer schon eine Vorstellung davon hatten, in was für einem Grünrahmen sie ihre Gemeinschaftssiedlung anlegen wollten. Im primitiven britischen Mandatsgebiet Palästina war noch nichts von einem blühenden Dorf zu spüren; heute ist es das Heim für über 1000 Erwachsene und Kinder. Selbst in ihren Träumen, die von der Jugendbewegung und Ideen von Martin Buber, sozialistischen Neigungen und vor allem der Sehnsucht nach einer intimen Gemeinschaft geprägt waren, hatten zweifellos die Gründer nicht an die Wirklichkeit von heute gedacht!

Eine Minderheit von 125 älteren Mitgliedern (von insgesamt 550) sichert noch immer mehr oder minder einen Einfluß der in Deutschland Geborenen mit ihrem mittelständi-

---

* Jakob Michaeli, geboren 1914 in Dortmund, ging 1933 als 18jähriger Gymnasiast zur landwirtschaftlichen Ausbildung in die Mark Brandenburg und Tschechoslowakei und wanderte von dort 1935 nach Palästina aus. Er gehörte 1936 zu den Gründern des Kibbuz Hasorea. Gearbeitet hat er u. a. als Schäfer, Landwirt und Tischler, seit seinem 70. Lebensjahr »nur« noch im Kibbuz-Archiv. Ende der siebziger Jahre – also im »Pensionsalter« – absolvierte er auf Kosten des Kibbuz an der Universität Haifa ein Studium der Soziologie und Staatswissenschaften.

schen Kultur- und Erziehungsmilieu. Im Laufe von über 50 Jahren entstand eine ausgezeichnete Mischung von ehemaligen Mitteleuropäern, geborenen ›Sabres‹ = Israelis (eine Mehrheit von 350) und Mitgliedern aus allen Kontinenten, nämlich aus West- und Osteuropa, Nord- und Südamerika, Nord- und Südafrika, Nah- und Fernost und sogar Australien. Die meisten Israelis sind in Hasorea aufgewachsen, die ersten ›Kinder‹ sind schon über die Fünfzig.

**Wirtschaftliche Aktivitäten**

Seit Jahren werden 600 Hektar unter Bewässerung landwirtschaftlich kultiviert, außerhalb des von uns angepflanzten Waldes. Das Hauptanbauprodukt ist die Baumwolle, außerdem haben wir auch Weizen, Sonnenblumen und Gewürzpflanzen. Der hohe Grundwasserspiegel zwang uns dazu, mehrere tiefe Süßwasserfischteiche anzulegen, wobei wir hauptsächlich Karpfen und die Buri des Mittelmeers züchten. Eine Brutanstalt für Zierfische exportiert für Aquarien in Übersee. Wir melken mit modernsten Maschinen ca. 300 Kühe; gemeinsam mit den Rindern zur Fleischgewinnung wird eine Herde von 800 Tieren computerisiert ernährt. Nicht weit unterhalb der Fischteiche wurde ein immunisiertes Geflügelhaus 1 Kilometer entfernt von den Kuhställen erstellt. 7 Kilometer vom Kibbuz entfernt werden in einer Zitrus-Plantage Pampelmusen, neue Apfelsinensorten, Klementinen und Mandarinen angebaut. Dort arbeiten außer einem kleinen Stab von Kibbuz-Mitgliedern hauptsächlich Volontäre aus aller Welt.

Bis ungefähr 1960 versorgte Hasorea sich selbst und die städtische Umgebung (Haifa) mit seinen landwirtschaftlichen Produkten, die, nach der ›Grünen Revolution‹, mit modernsten Maschinen erzeugt wurden. Aber eine wachsende und auch alternde Mitgliedschaft und soziale Verpflichtungen gegenüber den inzwischen im Kibbuz aufgenommenen Eltern aus Deutschland (ca. 40) erforderten auch eine industrielle Entwicklung. Die Bautischlerei, erbaut im Jahre 1936 an der Hauptstraße nach Haifa, wurde zu einer der wichtigsten Möbelfabriken in Israel, die inzwischen zusammen mit dem Kibbuz Schomrath und anderen Kibbuzim städtische Filialen und Übersee-Exporte entwickelt hat. Gleichzeitig wurde eine Fabrik zur Erzeugung von plastischen Polyäthylen-Folien in Haifa in kleinstem Umfange erworben, die inzwischen, groß aufgezogen, den Großteil von Hasoreas Einkommen bestreitet. Das Werk war bahnbrechend im Lande für Milch- und Sahneverpakkungen und auf der ganzen Welt für sich selbst auflösende Folien für den Gartenbau (Erdbeeren, Melonen usw.). Als drittes Werk wurde kürzlich eine Anstalt für Präzisionsmessungen eingerichtet, die aber noch in der Anlaufphase ist.

Die Beteiligung der Leute von Hasorea in regionalen Unternehmungen erstreckt sich auf eine Lkw-Kooperative, einen Computerkomplex, eine Geflügelschlächterei und eine Anlage zur Baumwollentkörnung. Die Körner werden zurückgeliefert und an die Kühe verfüttert.

Die Arbeitsbedingungen von heute sehen für 6 Tage in der Woche einen 8-Stunden-Tag für Männer und Frauen vor, die keine Kinder haben; Frauen mit Kindern arbeiten nur 7 Stunden. Die Senioren des Kibbuz arbeiten ihrem Alter entsprechend weniger, bis herunter zu 4 Stunden. Aber alle Mitglieder und Kandidaten bekommen dieselbe ›Entlohnung‹, ohne Rücksicht auf Leistung, Fähigkeiten oder Titel, nämlich *gar keine*. Demgegenüber bekommen alle das gleiche Budget; Alleinstehende erhalten prozentual mehr. Die Arbeitsmoral wird mehr oder minder durch die öffentliche Meinung bestimmt und gesichert.

## Soziale und kulturelle Aktivitäten

Die Plastikfolien-Fabrik unterhält einen Senioren-Flügel mit gleitender Arbeitszeit. Dort werden tags und nachts Einkaufstaschen und Infusionsbehälter genietet. Hasorea besitzt auch außerhalb des Industrieviertels in der Nähe der Wohnungen eine ›geschützte Werkstatt‹ für körperlich behinderte Mitglieder aller Altersstufen. Nicht weit davon haben wir jetzt Alterswohnungen für pflegebedürftige Personen, die 24 Stunden betreut werden (siehe Abbildung). Diese Wohnungen und auch die Krankenzimmer und die Klinik (mit Arzt und Zahnarzt) sind in der Nähe des Kibbuz-Zentrums angelegt, das zwei große Eßsäle, den Klubraum, das (technische) Sekretariat und die gratis erfolgende Zeitungsverteilung umfaßt. Dort ist auch ein Saal für Kino- und Theateraufführungen vorhanden, mit bis zu 1200 Sitzplätzen.

Von Anfang an war Hasorea als ein Kibbuz mit aktiv-schöpferischer Kultur berühmt. Die Freizeitgestaltung umfaßt Bildhauerei, Malerei, Weberei, Töpfern, Fotografie und Batik, die in kleinen und größeren Studios untergebracht sind. Schon 1951 wurde das Wilfried-Israel-Museum für ostasiatische Kunst eingeweiht, in dessen Keller archäologische Funde aus der Umgebung von Hasorea ausgestellt sind, die bis ins vierte Jahrtausend v. Chr. zurückgehen. Die Sammlung aus China, Indien und Kambodscha zieht Erwachsene und Schüler aus dem nördlichen Israel an. Ein anderer Flügel des Hauses beherbergt eine große und polyglotte Bücherei sowie eine Plattensammlung.

Einige haben inzwischen aus ihrem Hobby einen Beruf gemacht, dem sie 6 oder weniger Tage in der Woche widmen; aber grundsätzlich stehen sie, wie auch die Studenten von Hasorea, für die allgemeine Arbeitsverteilung zur Verfügung. Auf diese Weise können viele Arbeitsplätze wieder besetzt werden, die durch die Überalterung und die Professionalisierung von früher ehrenamtlich ausgeführten

Diensten, wie z. B. Planung und Bau, Erziehung und Kultur, Leitung der sozialen und gesundheitlichen Arbeit, entstanden sind. Trotz seiner Größe – Hasorea ist der sechstgrößte Kibbuz in Israel und der größte im Kibbuz-Arzi-Verband – hat unser Kibbuz immer wieder Schwierigkeiten, aus seinen Reihen genügend gelernte Techniker und Ingenieure für seine Industrie zu rekrutieren, weil der Kibbuznachwuchs mehr zu Berufen der Fischerei und Baumwollproduktion neigt.

**Das Ausbildungswesen**

In den vorhandenen Kinderhäusern im prinzipienbewußten Hasorea besteht nach wie vor die Gemeinschaftsübernachtung der Kinder und eine eigene Volksschule. Allen Kindern der Mitglieder sind 12 Schuljahre zugesichert, von denen 6 Jahre in einem zum Kibbuz gehörenden Internat stattfinden, das 4 Kilometer von Hasorea in Migdal Haiemek liegt. Viele Kinder im Oberschulalter gehen auf eine etwas weiter entfernte Berufsschule für Kinder der Moshavim und Kibbuzim des Landkreises.

Darüber hinaus ermöglicht Hasorea seinen jungen Mitgliedern nach ihrem Militärdienst – durchschnittlich 3 Jahre – 3 bis 4 Jahre akademischer Ausbildung, nachdem sie vorher mindestens 1 Jahr voll im Kibbuz gearbeitet haben. Bevorzugt werden besonders der Erziehungsberuf und andere ›funktionelle‹ Berufe. Die Liste der Fortbildungsanwärter wird für jedes Schuljahr in der allgemeinen Versammlung bei Geheimabstimmung festgelegt. Nur besondere Fälle werden diskutiert, wobei die Gutachten der zuständigen Kommission Beachtung finden – oder auch nicht!

Von den Ausgebildeten werden mindestens 2 Jahre Dienst in einem geeigneten Arbeitszweig verlangt. Hier ist zu erwähnen, daß gerade in der Erziehung wegen der aufreibenden Arbeit der Pädagogen für Kleinkinder und für die

Oberschule immer wieder neue Studenten und Studentinnen benötigt werden, die dann – auch manchmal für eine Art ›Sabbat-Jahr‹ – das in der Nähe liegende Kibbuz-Seminar ›Oranim‹ besuchen. Dort besteht auch ein Forschungsinstitut für Kibbuz-Pädagogik und eine Beratungsstelle für Sonderfälle und den Eltern-Kinder-Bereich. Hasorea und seine ersten Mitglieder waren weitgehend für die Gründung und Zielstellung dieses Seminars verantwortlich, nachdem sie schon in ihrer ›jugendbewegten‹ Zeit in der Weimarer Republik der modernen Pädagogik (Wyneken, Anna Freud usw.) nahestanden.

Weitere Ausbildungsmöglichkeiten stehen der Gesamtheit der Kibbuzmitglieder in den verschiedensten Gebieten und auf unterschiedlichen Niveaus zur Verfügung, sei es für ein Jahr oder für kürzere Kurse. Zu diesem Zwecke bieten sich außer 2 Kibbuz-Seminaren die Hochschule für Erwachsenenbildung des Landkreises (dessen Vorsitzender übrigens ein Sohn von Gründern Hasoreas ist) und die Universitäten des Landes an. Die Technische Hochschule oberhalb der nahen Stadt Haifa bietet genügend Ausbildungs- und Fortbildungsmöglichkeiten für die sogenannten Realisten unter uns; dasselbe gilt auch für die Landwirtschaft und verwandte Berufe im Forschungsinstitut, das den Namen des aus Deutschland stammenden Wirtschafts-Fachmanns und Soziologen Arthur Ruppin trägt, der auch 1909 maßgebend für die Gründung der ›Mutter‹ der Kibbuzim ›Degania‹ war.

**Ideologische Orientierung**

Hasorea war ursprünglich an keinen der vorhandenen, politisch orientierten Landesverbände der Kibbuzim angeschlossen. Nachdem im April 1933 der innere Kreis der ›Werkleute‹-Jugendbewegung in Berlin die von allen Mitgliedern bestätigte Entscheidung für die Kibbuzbewegung

*Hasorea Januar 1937.*

*Luftaufnahme von Hasorea 1986.*

vollzog, wurde von den Mitgliedern der damals bestehenden zwei Kibbuzim dieser Bewegung im September 1938 der Anschluß an den Kibbuz-Arzi-Verband mit großer Mehrheit beschlossen. Das war für die jungen und vielleicht etwas naiven Einwanderer aus Deutschland der nächste Beziehungspunkt für eine Außenverflechtung; aber damit schloß sich Hasorea – die Leute des 2. Kibbuz kehrten im Mai 1942 nach Hasorea zurück – zugleich auch den allgemeinen und industriellen Institutionen dieser Bewegung an.

Vom Anfang des Kibbuzlebens in Palästina an wirkte die gesellschaftliche und politische Affinität mit dem Kibbuz-Arzi-Verband auf die Neueinwanderer von Hasorea (auf deutsch: ›Der Sämann‹) ein. Sie kamen alle aus einer politisch der Sozialistischen Arbeiterpartei (S.A.P.) nahestehenden, sehr intensiven Jugendbewegung. Der Einfluß des Philosophen Martin Buber und des großen ›alten Mannes‹ Jakob Chasan aus dem Nachbarkibbuz brachte in der 2. Generation Mitglieder dazu, sich hauptamtlich von seiten der Bewegung für die arabisch-palästinensische Problematik einzusetzen. Auch jetzt arbeiten Mitglieder Hasoreas aus der Nachfolgegeneration an verschiedenen wichtigen Stellen der Bewegung, wobei der Anteil der Frauen an den gemeinsamen Bestrebungen weiterhin ansteigt.

Der Kibbuz kann aber nicht vom ideologischen Überbau leben, sondern benötigt auch eine Infrastruktur. Der Kibbuz hat jetzt mehrere Straßen und Bürgersteige (gegen den früheren Schlamm), einen großen Swimmingpool und einen winzigen für die Kleinkinder, zwei Tennisplätze, einen Basketballplatz und ein Fußballfeld. Einige dieser Anlagen werden auch von Leuten aus der Umgebung benutzt, besonders in den großen Ferien, wenn auch körperlich behinderte Kinder aus Jerusalem in Hasorea beherbergt werden. Das Herz des Kibbuz ist im Kibbuzhaus, wo die Mitglieder gemeinsam die Hauptmahlzeiten einnehmen. Auch werden hier jeden Samstag die gemeinsamen Versammlungen abgehalten und alle wesentlichen und unwesentlichen Entschei-

*Kibbuz-Zentrum von Hasorea.*

*Alterswohnungen im Kibbuz Hasorea.*  Fotos: Ilana Michaeli

dungen beschlossen. Hier informiert man sich auch am Anschlagbrett, bekommt gratis die Tageszeitung und das wöchentliche Kibbuz-Blättchen, geht zur Kasse für Mitglieder oder unterhält sich beim Einholen im Minimarkt über Kibbuzangelegenheiten. Nicht weit davon sind die Postfächer und der Kibbuzladen sowie auch die Buchhalterei und das Sekretariat, das die Rolle der Bürgermeisterei im Dorf spielt. Die Großwäscherei und die allgemeine Kleiderkammer mit Textilladen – für die Mitglieder bestimmt – liegen nicht weit ab, so daß hier um einen Steingarten herum sowohl das formelle Establishment als auch der informelle Neuigkeitenmarkt blühen. Damit arbeiten interregionale Verflechtungen und sogenannte ›geschlossene Gesellschaft‹ zusammen.

Auf der Ostseite des Kibbuzzentrums liegen Garagen, Ställe und Industriebetriebe, im Süden das Jugendviertel mit seinem Lärm, und auf der Westseite die Wohnhäuser der Mitglieder, immer mehrere Familien und manchmal bis zu zwei Stockwerke umfassend. Sie werden anmutig von Grünflächen durchbrochen, die automatisch bewässert werden. Alle Mitglieder haben auch kleinere Privatgärten; sie werden sowohl von den einzelnen als auch von den Verantwortlichen für die Ziergärten gepflegt. Das Öko-System des Kibbuz verträgt sich ausgezeichnet mit den von den Gründern gepflanzten Wäldern der Umgebung und geht in sie sehr natürlich über.

Hasorea stemmt sich gegen die gegenwärtige wirtschaftliche und gesellschaftliche Krisenpsychose auch durch seine direkte Demokratie (ohne eine besondere ›Beratende Versammlung‹, entsprechend dem Modell von Barkai [siehe S. 47] zwischen Generalversammlung und Sekretariat zu haben). Im Gegensatz zu dem genannten Modell werden auch die Leiter der wichtigsten Kommitees für mehrere Jahre gewählt und arbeiten während dieser Zeit hauptamtlich, eine Tatsache, die natürlich zu einer Verstärkung der Bürokratie führt. Andererseits macht sich besonders in der 2.

und 3. Generation von Hasorea, und damit der Mehrheit der Mitglieder, ein Trend zum Individualismus bemerkbar. Dessen Hauptmerkmal ist die Forderung nach Abschaffung der Gemeinschaftsübernachtung der Kinder und ihre Unterbringung im Elternhaus. Das Projekt steht schon zur Diskussion in einem besonderen Ausschuß, aber der Durchführung des Planes stehen große finanzielle Hindernisse entgegen, neben prinzipieller Gegnerschaft.

Es ist zu hoffen, daß die Wirtschaftskrise in Israel, die schon zur Zerstörung vieler Moshavim führte, von so einem starken Kibbuz wie Hasorea mit seiner großen Nachkommenschaft schließlich und endlich überwunden werden kann. Der ursprünglich kleine Kibbuz wird seine kulturellen und ideologischen Werte mit der vierten Generation auch ins nächste Jahrtausend weiterführen.«

# 1. Die historische Funktion des Kibbuz: Avantgarde zionistischer Siedlungsarbeit

## 1.1 Siedlungsgeographie

Seit im Jahre 1909 – vor nunmehr 80 Jahren – am Südende des See Genezareth der erste Kibbuz »Degania« gegründet wurde, haben die seither entstandenen rund 270 Kibbuzsiedlungen nicht nur die Siedlungsgeographie des heutigen Israel mitgestaltet; sie haben vor allem als Wegbereiter des Staates Israel Ideologie und Politik der zionistischen Bewegung sowie die sich entwickelnden institutionellen und sozialen Strukturen des jüdischen Gemeinwesens in Palästina/ Israel wesentlich mitgeprägt.

Schon ein Blick auf die räumliche Verteilung der Kibbuzim in Israel (vgl. Karte auf S. 33) gibt Aufschluß über ihre Funktion als Wehrdörfer und militärische Stützpunkte bei der Grenzsicherung wie auch bei der Besiedlung und landwirtschaftlichen Erschließung des Landes. Nach den umfangreichen Gebietsbesetzungen durch Israel im 6-Tage-Krieg von 1967 hat aber offensichtlich die Kibbuzbewegung ihre traditionelle Funktion der »Eroberung des Bodens« durch Besiedlung und dessen militärische wie auch demographische Absicherung vor arabischen Ansprüchen nicht wiederaufgenommen, – einmal abgesehen von den Kibbuz-Neugründungen auf dem Golan (= 10) und entlang der Jordansenke (= 6), die weitgehend dem Prinzip der Sicherung der (neuen) Grenzen folgten und zudem im – inzwischen als israelisches Staatsgebiet annektierten – Golan nicht die Verdrängung arabischer Bevölkerung voraussetzten. Die im besetzten Westjordanland erfolgten Siedlungsaktivitäten standen hingegen fast ausschließlich in Regie der rechtsradikalen Gush-Emunin-Siedlungsbewegung: ohne Skrupel und fanatisch fixiert auf ein biblisches Großisrael betreibt sie die systematische jüdische Durchsiedlung dieses bisher homogen arabisch-palästinensischen Lebensraums (»Judäa« und »Samaria«). Demgegenüber gehören die Kibbuzniks eher zu den »Besetzern mit schlechtem Gewissen« und haben sich mit eigenen Siedlungsaktivitäten – außer der Gründung von drei religiösen Kibbuzim im Gebiet zwischen Jerusalem und Hebron – weitgehend zurückgehalten. Der linkssozialistische »Kibbuz-Arzi«-Verband etwa hat mit Rücksicht auf die von ihm anerkannten Rechte der Araber bisher grundsätzlich jede Neuansiedlung in der Westbank unterlassen. Die weitgehende Abstinenz der Kibbuzbewegungen von raumgreifenden Siedlungsaktivitäten in der Westbank muß auch deswegen hier besonders herausgestrichen werden, um sie nicht mit den Initiatoren und Trägern der umstrittenen Siedlungspolitik der letzten zehn Jahre in den besetzten Gebieten zu verwechseln: von den momentan (Ende 1988) insgesamt im Westjordanland existierenden 140 jüdischen Siedlungen (mit 70 000 Bewohnern) sind nur 9 Kibbuzim (1700 Bewohner); unter den 19 jüdischen Siedlungen des Gazastreifens (2500 Bewohner) befindet sich ein einziger religiöser Kibbuz.

Wohl aber sind die Kibbuzim – wie gerade die Neugründungen nach 1967 zeigen – Hauptträger der Aktion »Judaisierung des Galil«. Hierbei handelt es sich aber um israelisches Stammgebiet seit 1948, in dem angesichts des regionalen Überwiegens der arabischen Bevölkerung allein in den letzten 20 Jahren planmäßig 17 Kibbuzim errichtet wurden; hier ist aber die traditionelle Kibbuzfunktion der konkreten Eroberung des Bodens wie auch dessen militärischer und demographischer Absicherung Bestandteil eines umfassenden modernen Entwicklungskonzepts für diese Region, das

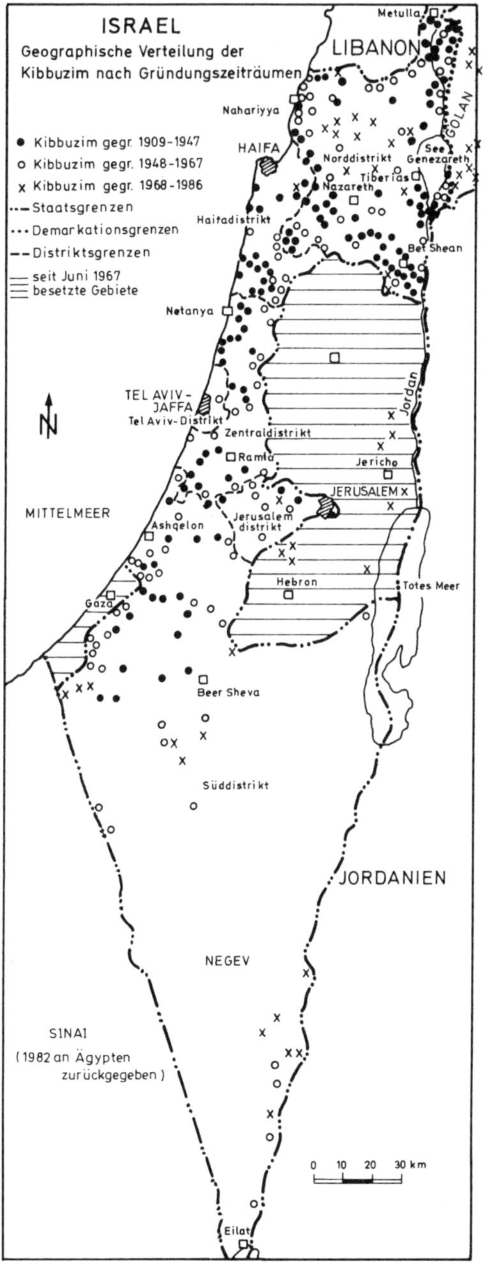
ISRAEL
Geographische Verteilung der Kibbuzim nach Gründungszeiträumen
Kibbuzim gegr. 1909-1947
Kibbuzim gegr. 1948-1967
Kibbuzim gegr. 1968-1986
Staatsgrenzen
Demarkationsgrenzen
Distriktsgrenzen
seit Juni 1967 besetzte Gebiete
Metulla
LIBANON
GOLAN
Nahariyya
HAIFA
Norddistrikt
See Genezareth
Tiberias
Nazareth
Haifadistrikt
Bet Shean
Netanya
Jordan
TEL AVIV-JAFFA
Tel Aviv-Distrikt
Zentraldistrikt
Ramla
Jericho
JERUSALEM
MITTELMEER
Ashqelon
Jerusalem distrikt
Hebron
Totes Meer
Gaza
Beer Sheva
Süddistrikt
JORDANIEN
NEGEV
SINAI
(1982 an Ägypten zurückgegeben)
0 10 20 30 km
Eilat

voll auf High-Tech-Industrialisierung setzt (»Galiäa 2000«). Ein weiterer räumlicher Schwerpunkt neuer Kibbuzgründungen auf israelischem Gebiet ist der Negev im Süden (= 8), wo die Erschließung und Kultivierung der Wüste wie auch die militärische Sicherung vorrangige nationale Siedlungsmotive bilden, zumal nach der Rückgabe des Sinai an Ägypten 1982.

## 1.2 Entwicklungsgeschichte

*Historisch* ist die Kibbuzbewegung untrennbar verbunden mit der nationalen Bewegung zur Errichtung einer Heimstätte des jüdischen Volkes in Palästina/Israel; eine Geschichte der jüdischen Staatswerdung ohne Berücksichtigung der kolonisatorischen Leistung der Kibbuzim ist schlechterdings unmöglich. Es ist aber umgekehrt auch darauf hinzuweisen, daß ohne die Unterstützung dieser »kommunistischen Experimente« durch die organisatorische und finanzielle Kraft der zionistischen Bewegung die Kibbuzim aller Wahrscheinlichkeit nach ein recht peripheres Phänomen geblieben wären.

Die Aufgabe einer Avantgarde zionistischer Siedlungsarbeit erfüllten die Kibbuzim insbesondere während der Zeit der englischen Mandatsverwaltung (1920–1948). Sie verkörperten den Widerstand gegen die Beschränkungen, die die englische Regierung in jener Zeit der zionistischen Bewegung bei Bodenkauf und Einwanderung auferlegte, und errangen damit besonders hohes Ansehen in der jüdischen Bevölkerung sowie Respekt auch in den arabischen Nachbardörfern. Im Gefolge der Staatsgründung 1948 verloren die Kibbuzim an Gewicht und Einfluß: nicht nur weil ein Teil ihrer Aufgaben nun von staatlichen Institutionen übernommen wurde – z.B. im militärischen, kulturellen und erzieherischen Bereich –, sondern auch aus ideologischen Gründen. Während die Mehrzahl der jüdischen Einwanderer vor 1948 aus ideologischen Motiven ins Land gekommen waren, fehlte den in den Jahren danach in Massen vorwiegend aus afrikanischen und asiatischen Ländern einwandernden Juden eine solche Orientierung fast völlig; sie favorisierten andere Siedlungsformen, wie etwa die im herkömmlichen Sinn genossenschaftlich strukturierten »Moshavim«, die die familiäre Haushaltsgemeinschaft und Eigentumssphäre nicht kollektivieren. Jedenfalls verloren die Kibbuzim ihre dominierende Position in der ländlichen Siedlungsbewegung Israels. Während sie bei der Staatsgründung etwa die Hälfte der jüdischen Landbevölkerung Israels umfaßten, waren es 1986 noch 28 Prozent (immerhin nach sogar nur 20 Prozent 1976). 1982 stellten orientalische Juden nur etwas über 8 Prozent der Gesamtkibbuzbevölkerung, während in der Bevölkerung Israels generell ihr Anteil etwas bei über 50 Prozent liegt[4].

Auch die jüdische Einwanderung aus der Sowjetunion ging fast völlig an den Kibbuzim vorbei. Zum Beispiel wählten von 32 000 Einwanderern in den Jahren 1972/73 weniger als 40 die Kibbuzim als ihre neue Heimstatt. Die geringe Attraktivität einer kollektiven Lebens- und Wirtschaftsform für diese Menschen erklärt sich ohne Zweifel mit aus deren einschlägigen Erfahrungen im »Mutterland des Sozialismus«.

Rückblickend läßt sich die bisherige 80jährige Entwicklungsgeschichte der Kibbuzim grob in vier Perioden einteilen[5]:

---

[4] Die meisten Zahlenangaben wie auch viele Einzelinformationen über die Kibbuzim sind den seit 1980 vom Forschungsinstitut Yad Tabenkin der TAKAM-Bewegung in Efal auf englisch veröffentlichten laufenden »Kibbutz Studies« (bis Ende 1988 28 Ausgaben) entnommen; neben den zahlreichen englischsprachigen Forschungsberichten aus dem Institute for Study and Research of the Kibbutz and the Cooperative Idea, das von der Universität Haifa gemeinsam mit der »Kibbuz Föderation« getragen wird, bilden sie eine wichtige Informationsbasis dieser Arbeit.

[5] Vgl. hierzu Stanley Maron: Kibbutz as a Communal Household, Yad Tabenkin Efal 1987, S. 10f.

1. Periode (1909–1935):

*Experimentierstadium* mit verschiedenen Ideologien und Organisationsformen. »Eroberung« der Arbeit und des Bodens (Landwirtschaft), Ablehnung familialer und religiöser Bindungsformen.

Von den heute bestehenden Kibbuzim wurden in dieser Periode 46 gegründet; Bevölkerung: 11 900 = 3 Prozent der jüdischen Bevölkerung Palästinas 1935.

2. Periode (1936–1949):

*Nationale Aufgaben* intensiver Besiedlung, Verteidigung und Absorbtion von Einwanderern stehen im Vordergrund. Ideologische Fixierung verlagert sich aus dem sozialen und wirtschaftlichen in den politischen Bereich.

Kibbuz-Neugründungen in dieser Periode: 44; Kibbuz-Bevölkerungsstand 1949: 63 500 = 7,5 Prozent der jüdischen Bevölkerung Israels.

3. Periode (1950–1966):

*Funktionsverlust* der Kibbuzim nach der Staatsgründung. Mangel an neuen ideologischen Orientierungen, Richtungskämpfe über weitere Entwicklung, retardiertes Mitgliederwachstum.

Kibbuz-Neugründungen in dieser Periode: 33; Kibbuz-Bevölkerungsstand 1966: 81 900 = 3,5 Prozent der jüdischen Bevölkerung Israels.

4. Periode (1967–1988):

*Industrialisierung* der Kibbuzim bringt starken ökonomischen Wachstumsschub. Die zweite Generation stellt bereits ein Drittel der Kibbuzmitglieder. Pragmatismus in der Anpassung an gewandelte Verhältnisse in der israelischen Gesellschaft und Politik sowie Konzentration auf wirtschaftliche Entwicklung lassen ideologische Orientierungen stärker in den Hintergrund treten bzw. wirken auf ihre Differenzierung hin. Die Familie wird zum tragenden Grundelement des Kibbuz-Lebens, auch in seinen internen Wohn- und Kommunikationsformen.

Kibbuz-Neugründungen in dieser Periode: 47; Kibbuz-Bevölkerungsstand 1986: 127 000 = 3,6 Prozent der jüdischen Bevölkerung Israels.

## 1.3 Kibbuz-Status-quo 1989

Fast alle Kibbuzim sind gegründet worden jeweils von Gruppen junger Menschen, deren gleiche Alters- und Lebenslage neben ihrer ideologischen Einigkeit wesentliche

Grundlage des Aufbaus von freiwilligen dauerhaften Solidargemeinschaften war. Dies galt für den Ur-Kibbuz Degania 1909 in gleicher Weise wie auch heute noch für die Neu-Kibbuzim im Negev oder auf dem Golan. Es liegt in der Logik dieses Gründungsmusters, daß es jeweils Jahrzehnte braucht bis zum Aufwuchs »natürlicher« Populationen, die alle Lebensaltersstufen umfassen. In den durchschnittlichen Bevölkerungszahlen für alle Kibbuzim kommt diese Besonderheit naturgemäß weit weniger zum Ausdruck als im einzelnen Kibbuz: so weisen gerade die Kibbuzim, die in den dreißiger Jahren von Gruppen blutjunger deutscher und polnischer Juden gegründet wurden, heute oft eine »Überalterung« auf, denn 40 und mehr Prozent ihrer Mitglieder sind über 60 oder gar 65 Jahre alt. Auch in dieser Hinsicht ist also das »Soziallabor Kibbuz« prädestiniert zum Erproben allgemeiner gesellschaftlicher Problemlösungen.

Dennoch zeigt die Altersstruktur der Kibbuzbevölkerung insgesamt – auch verglichen mit der israelischen Gesamtbevölkerung – ein außerordentlich jugendliches Bild (ca. 50 Prozent ihrer Bevölkerung sind unter 24 Jahre alt), da die Kinderzahl in den Familien der Kibbuzniks deutlich über den Durchschnittszahlen des Landes liegt, und dies insbesondere in den älteren Kibbuzim mit einem hohen Anteil von im Kibbuz geborenen Mitgliedern der zweiten Generation. Außerdem absorbiert die Kibbuzbevölkerung ständig vorwiegend junge Menschen von außen, sei es als Ehepartner junger Mitglieder oder als Neukibbuzniks aus der Jugendbewegung.

*Tabelle 1*

**Altersstruktur der Kibbuzbevölkerung im Vergleich zur jüdischen Gesamtbevölkerung in Israel[6]**

| Altersgruppe | 1972 Prozent der Kibbuzbevölkerung | 1986 Prozent der Kibbuzbevölkerung | 1984 Prozent der jüdischen Bevölkerung Israels |
|---|---|---|---|
| 0–14 | 28,8 | 30,3 | 30,1 |
| 15–24 | 23,9 | 19,3 | 15,8 |
| 25–44 | 24,7 | 28,7 | 27,3 |
| 45–64 | 18,7 | 12,5 | 16,9 |
| über 65 | 4,2 | 9,2 | 9,9 |
| | 100,0 | 100,0 | 100,0 |

Bemerkenswert ist das weit überproportionale *Wachstum der Kibbuzbevölkerung* gegenüber den israelischen Durchschnittswerten. (Da in den Kibbuzim praktisch nur Juden leben, sollten diese nur für die jüdische Bevölkerung Israels herangezogen werden.) Während von 1976 bis 1986 die Kibbuzbevölkerung um 28,2 Prozent wuchs, liegt dieser Wert für die jüdische Bevölkerung Israels nur bei 17,9 Prozent. In diesen Zahlen spiegelt sich allerdings nicht nur die höhere Geburtenrate der Kibbuzniks, sondern auch die sehr positive »Absorptionsbilanz« der Kibbuzim von ca. 8000 Menschen in diesem Zeitraum (nach einem Negativsaldo in den beiden vorausgegangenen Dekaden von 1956 bis 1976 von immerhin 16 500 Abwanderungen). Insgesamt ist danach festzuhalten, daß zwar die Hauptwachstumsquelle der Kibbuzim nach wie vor die hohe natürliche Reproduktion darstellt, zumal bei höheren Geburten und niedrigeren Sterberaten als in der jüdischen Gesamtbevölkerung; daß aber zusätzlich seit den siebziger Jahren etwa ein Viertel des Bevölkerungszuwachses auf *Absorption von außerhalb* zurückgeht. Allerdings war 1986 eine Nettoabwanderung von 0,58

---

6 Vgl. Stanley Maron, a.a.O.; ders.: Change in Kibbutz, 1986, Kibbutz Studies 25, Febr. 1988, S. 3; Michael Wolffsohn: ISRAEL: Politik. Gesellschaft. Wirtschaft. 2. Aufl., Opladen 1987, S. 171.

Prozent (= 730 Menschen) aus den Kibbuzim zu verzeichnen: ein – wenn auch moderates – Krisensymptom, das später noch zu interpretieren sein wird.

Schließlich ist für die heutige menschliche Substanz der Kibbuzbewegung in Israel die *nationale Herkunft* der Kibbuzniks aufschlußreich. Etwa zur Halbzeit der bisherigen Kibbuzgeschichte, also Anfang der vierziger Jahre, bot sich folgendes Bild der Herkunft der Kibbuzniks im damals größten Kibbuzverband[7]: drei Viertel standen im Alter zwischen 21 bis 35 Jahren, die Hälfte davon waren Kibbuzneulinge, die höchstens 5 Jahre im Land waren; 57 Prozent kamen entweder aus Deutschland oder Polen, weitere 30 Prozent aus Rußland, Letland, Litauen, der Tschechoslowakei, Österreich und Rumänien.

Im Gegensatz dazu sind heute (Zahlen 1983) eine Mehrheit von fast 70 Prozent der Kibbuzniks »Sabres«, das heißt: gebürtige Israelis; allein über 40 Prozent sind sogar gebürtige Kibbuzniks, der Rest ist etwa je zur Hälfte aus Europa und Amerika gebürtig, dazu eine verschwindend kleine Minderheit von 4 Prozent gebürtiger Südafrikaner und Asiaten.

Eine Auflistung aller Ende 1988 bestehenden 270 Kibbuzim in Israel (im Anhang dieses Buches) zeigt den Status quo auch in der regionalen Verteilung und nach Gründungsjahren, Bevölkerungs- und Mitgliederzahlen sowie Produktions- und Funktionsbereichen: ein »Datengerippe«, das allerdings kaum etwas vermittelt von der lebendigen Vielfalt der einzelnen Kibbuz-Biographien; die jedoch auch im weiteren notgedrungen unterdrückt werden müssen zugunsten einer eher am Gesamttrend orientierten Analyse.

---

7 Vgl. Stanley Maron 1987, a.a.O., S. 13f.

# 2. Der ideologische Fundus des Kibbuz: Vision einer neuen Gesellschaft

## 2.1 »Eroberung der Arbeit« als Leitziel des zionistischen Sozialismus

Es ist immer wieder – gerade auch von Martin Buber – darauf hingewiesen worden, daß der Kibbuz seine Entstehung nicht einer *Doktrin,* sondern einer *Situation* verdankt, daß sich bei den ersten Kibbuzniks ideelle Motive mit dem verbanden, was die Stunde gebot und daß die Zukunftsträume der Kibbuzniks keinem Schema folgten – oder, wie Amos Oz einmal geschrieben hat, »keinem Prophet und keinem Programm« –, sondern Verschiedenstes miteinander verbanden[8]: »Man sah vor sich eine neue umfassende Reform der Familie, man sah sich als die Avantgarde der Arbeiterbewegung, ja als die unmittelbare Realisierung des Sozialismus, als der Prototyp der neuen Gesellschaft, man setzte sich die Schaffung eines neuen Menschen und einer neuen Welt zum Ziel...« Ganz wichtig war dabei (in Bubers Worten): »Das Ideal brachte Antriebe, aber keine Dogmen hervor, es regte an, aber es diktierte nicht.«

Konstitutiv für den Kibbuz ist ein dreidimensionales Wertsystem; in ihm verbindet sich die Zielsetzung der nationalen Wiedergeburt (Zionismus) und einer radikalen Erneuerung gemeinschaftlichen Lebens und Wirtschaftens (Sozialismus) mit humanistischen Idealen einer breiten individuellen

---

8 Martin Buber, a.a.O., S. 223.

Selbstverwirklichung. Zwar sind innerhalb der Kibbuzbewegung die Prioritäten in diesem Zielgeflecht von den einzelnen Gruppen jeweils unterschiedlich gesetzt worden – was historisch Entstehung und Bestand verschiedener ideologisch nuancierter Kibbuzverbände erklärt. Insgesamt ist es aber gerade dieser besonders starke und vor allem fortdauernde ideologische Fundus, der die Einzigartigkeit des israelischen Kibbuz und seiner Entwicklung in 80 Jahren ausmacht – besonders auch im Vergleich mit allen anderen Spielarten kommunaler Experimente rund um die Welt.

Erklärbar ist er wohl nur aus der Verarbeitung geschichtlicher Erfahrungen des jüdischen Volkes und den daraus im Zionismus entwickelten sozialen Wert- und Ordnungsvorstellungen von einer zu schaffenden jüdischen Gesellschaft[9]. Der Gedanke der »Eroberung der Arbeit« stand am Anfang aller jüdischen Siedlungstätigkeit in Palästina im Sinne einer friedlichen Okkupierung aller Berufszweige im Land durch *jüdische* Arbeit: Reaktion auf Jahrhunderte des Ausschlusses der Juden von jeder landwirtschaftlichen und gewerblichen Betätigung in der europäischen Diaspora, an deren Ende das Eingangsmotto »Arbeit macht frei« über den nationalsozialistischen Konzentrationslagern als furchtbare Perversion des jüdischen Schicksals erscheint.

Die Rolle der Arbeit als zentraler Wert und Medium der nationalen Befreiung und Selbstfindung des jüdischen Volkes schloß für die jüdischen Siedlungspioniere zugleich ein ganzheitliches Arbeitsideal und eine strenge Betonung der Gleichberechtigung ein. Dabei wurde gerade die manuelle Arbeit nicht nur als notwendiges Übel angesehen, sondern als ethischer Wert an sich, als »Mittel zur Heilung des jüdischen Volkes von seinen sozialen und nationalen Leiden«[10].

---

9 Vgl. hierzu: Christiane Busch-Lüty: Israel – eine »arbeitende Gesellschaft« im Wandel zur Industienation; List Forum, Bd. 10, Nr. 4 (1980), S. 238–261.
10 Walter Laqueur: Der Weg zum Staat Israel, Geschichte des Zionismus, Wien 1975, S. 298f.

Die Idee einer von den Prinzipien der Gerechtigkeit und Gleichberechtigung geprägten »arbeitenden Gesellschaft der Juden in Erez Israel« ging als Leitziel aller zionistischen Bestrebungen sogar dem Willen zur politischen und ökonomischen Unabhängigkeit voran. Die zionistische Variante eines weniger intellektuellen als spontanen Sozialismus der jüdischen Einwanderer aus Osteuropa schrieb in Palästina/ Israel – anstelle des Kampfes um gerechtere Verteilung oder Vergesellschaftung des (ohnehin nicht existenten) Kapitals – die »Eroberung der Arbeit« auf seine Fahnen; und dies nicht in ökonomistisch verengter Sicht, sondern als »Zurückfinden zu schöpferischem Tun«, zu vollem, natürlichem Leben; es ging ihnen dabei um die »Seele der Arbeit«, um die »Werkfreude«!

Es ist oft darauf hingewiesen worden, daß beim Aufbau der israelischen Nation die »wegbereitende Arbeitsethik« der Pioniergeneration eine ähnliche Rolle gespielt hat wie die protestantische Ethik bei der Entwicklung des Kapitalismus; beide erfüllten sie ihre Funktion im Wachstumsstadium der ökonomischen Entwicklung. Aber im Unterschied zur protestantischen Ethik war die Pionierethik der Israelis völlig darauf ausgerichtet, Menschen oder die Gesellschaft *im Diesseits* zu verändern. Die gelegentlich als »nicht religiöses Asketentum« gekennzeichnete Genügsamkeit der Kibbuzniks kann wohl eher aus ökonomischen Zwängen als selbstgewählte Armut erklärt werden.

Darüber hinaus ist die Kibbuzideologie stark geprägt von humanistischen und sozialistischen Wertvorstellungen, wie der Gleichwertigkeit der Arbeit, dem Ideal einer möglichst vielseitigen menschlichen Persönlichkeit, der Ablehnung enger Professionalisierung und Spezialisierung. Die gleichrangige Bewertung jeglicher Art von Arbeit folgt dem Grundsatz: »Nicht *was* jemand tut ist wichtig, sondern *wie* er es tut.« Eine umfassende Ausbildung und Entwicklung aller menschlichen Potentiale wiederum setzt ein entsprechendes

Erziehungssystem voraus, dem daher von Anbeginn in den Kibbuzim besondere Bedeutung zugemessen wurde.

## 2.2 Kibbuz-Prinzipien: Freiwilligkeit als Basis

»Der Kibbuz stellt eine Kommune auf der Grundlage freiwilliger und kündbarer Mitgliedschaft dar.« Diese Kennzeichnung des Kibbuz muß vorweg ganz besonders herausgestellt werden – gerade im Gegensatz zum »realsozialistischen« Kommunetyp, etwa der sowjetrussischen Kolchose. In den Statuten der Vereinigten Kibbuzbewegung TAKAM, die in den siebziger Jahren entstanden sind, wird das *prinzipielle Selbstverständnis* der Kibbuzim wie folgt umschrieben:

»§3: Der Kibbuz ist eine freie Vereinigung von Personen zum Zweck der Errichtung, Integration und Bewirtschaftung einer kollektiven Siedlung, die nach den Prinzipien von gemeinschaftlichem Eigentum an Grundbesitz, eigener Arbeit, Gleichheit und Zusammenarbeit in den Bereichen der Produktion, des Konsums und der Erziehung organisiert ist. Der Kibbuz ist eine eigenständige Siedlung. Der Kibbuz versteht sich als integraler Teil der Arbeiterbewegung in Israel, als Pionier des nationalen Neubeginns, und sein Ziel ist die Errichtung einer sozialistischen Gesellschaft in Israel, die auf wirtschaftlicher und sozialer Gleichheit basiert...«

Auch die *Ziele* der Kibbuzim werden in §6 dieser Statuten im einzelnen benannt und kennzeichnen in ihrer sehr differenzierten Form den »gemeinsamen Nenner« der vielfältigen Intentionen der Kibbuzim heute; sie sollen daher hier wörtlich zitiert werden[11]:

---
11 Zitiert in der deutschen Fassung nach G. Heinsohn, a.a.O., S. 158f.

»Die Ziele der Kibbuzim sind folgende:

a) Eine Siedlung zu errichten und zu unterhalten, die sich auf Landwirtschaft, Industrie und Handwerk sowie jede andere Arbeit stützt und zum ständigen Wohnort ausschließlich von Kibbuzniks und ihren Angehörigen bestimmt ist;

b) Errichtung, Aufrechterhaltung, Inbetriebnahme und Weiterentwicklung landwirtschaftlicher, industrieller und handwerklicher Unternehmungen jeder Art, um Arbeitsplätze für die Mitglieder des Kibbuz und ihre Angehörigen zur Verfügung zu stellen und ihnen Arbeitsplätze außerhalb der eigentlichen Kibbuzwirtschaft zu vermitteln;

c) für die ökonomischen, sozialen, kulturellen, individuellen und die Ausbildung betreffenden Bedürfnisse der Kibbuzniks und ihrer Angehörigen zu sorgen, Gesundheitsvorsorge zu betreiben und die dafür notwendigen Dienstleistungen, Institutionen und Unternehmen einzurichten und zu unterhalten; einen angemessenen Lebensstandard für die Kibbuzniks und ihre Angehörigen innerhalb der ökonomischen Grenzen des Kibbuz und in Übereinstimmung mit seiner wirtschaftlichen Entwicklung und anderen Zielen sicherzustellen;

d) innerhalb der Grenzen der Kibbuzsiedlung öffentliche Dienstleistungen anzubieten und zu diesem Zweck den Status einer anerkannten örtlichen Leitung mit den zugehörigen Funktionsträgern, die die Leitung, die Institutionen oder die öffentlichen Unternehmungen vertreten, zu wahren; weiterhin aus diesem Grund die notwendigen Dienstleistungen, Institutionen und Unternehmungen einzurichten und zu unterhalten;

e) Freundschaft und Brüderlichkeit zwischen den Kibbuzniks zu fördern;

f) die Persönlichkeit sowie die individuellen und die für die Allgemeinheit einzusetzenden Fähigkeiten der Mitglieder sowohl im sozialen als auch im ökonomischen, kulturellen, wissenschaftlichen und künstlerischen Bereich zu fördern;

g) die weiblichen Kibbuzmitglieder zu fördern, so daß tatsächliche Gleichheit auf ökonomischem und sozialem Gebiet wie auf dem Gebiet der Bildung, bei öffentlichen Tätigkeiten und solchen im Rahmen der Bewegung erreicht wird;

h) die Kinder des Kibbuz zu erziehen, das Niveau ihrer Erziehung und ihren Wissensstand zu entwickeln und zu erweitern; ihre Ausbildung und Integration sicherzustellen, so daß sie die Intention des Kibbuz fortführen können;

i) Neueinwanderer und -siedler zu integrieren;

j) die jungen Einwanderer und die jungen Israelis einzugliedern und sie im Sinne der Kibbuzlebensart zu erziehen;

k) zusammen mit anderen Kibbuzim, die dieselben Ziele haben, die Errichtung neuer Kibbuzim zu fördern, Kibbuzwerte wie gegenseitige Hilfe und gemeinsame Aktivitäten zu propagieren; zu diesem Zweck Mitglied einer Kibbuzbewegung zu werden und die Einrichtungen der Bewegung im ökonomischen, sozialen, kulturellen Sektor und im Sicherheitsbereich in Übereinstimmung mit den Beschlüssen des Kibbuz oder denen der Bewegung, die vom Kibbuz übernommen wurden, zu unterstützen;

l) anderen Kibbuzim und ländlichen Siedlungen Hilfe zu leisten und zu diesem Zweck an gemeinsamen Unternehmungen teilzunehmen;

m) Aufgaben zu erfüllen, die die Position, die Wirtschaft und die Sicherheit des Staates Israel stärken, ebenso Aufgaben, die die Sache der Arbeiterklasse und der Kibbuzbewegung als ganze stärken, so wie sie von der Bewegung beschlossen und vom Kibbuz übernommen wurden.«

Bei allen politisch-ideologischen Nuancierungen zwischen den verschiedenen Kibbuzverbänden in Israel und nach z. T. über einem halben Jahrhundert ständigen Wandels der praktischen Lebensverhältnisse innerhalb und außerhalb der Siedlungen ist es besonders bemerkenswert, in welchem Maße die Kibbuzim ihren *ursprünglichen prinzipiellen Orientierungen* bis heute treu geblieben sind, die sich wie folgt zusammenfassen lassen:

1. Das gesamte Kibbuz-Eigentum gehört der Gemeinschaft als *Kollektiveigentum;* dies betrifft nicht nur alle Produktionsmittel, sondern auch viele Konsumgüter, soweit sie sich in gemeinschaftlicher Verfügung befinden (z. B. Autos, Freizeitgüter u. ä.). Teile der Konsumgüter des persönlichen Bedarfs werden aber auf die Mitglieder verteilt (vom Teekessel in den fünfziger Jahren bis zum Farbfernseher und Videogerät heute). Es herrscht das Prinzip der »Gemeinschaftlichen Produktion, Konsumtion und Erziehung«.

2. Der Kibbuz stellt mit seinen Mitgliedern einen *geschlossenen Arbeitsmarkt* dar: Er beruht auf dem Prinzip der »Selbstarbeit« seiner Mitglieder; Beschäftigung von Arbeitskräften von außerhalb gegen Lohn ist damit prinzipiell nicht vereinbar.

3. Die *Arbeitskräfte* des Kibbuz stehen der *Gemeinschaft zur Verfügung*. Diese bestimmt durch ihre gewählten Organe die Zeiteinteilung zwischen Arbeit, Ausbildung, Studium und Freizeit sowie über die Verteilung auf die verschiedenen Beschäftigungen in den Produktions- und Dienstleistungs-Branchen des Kibbuz; dabei werden individuelle Wünsche und Neigungen aber nach Möglichkeit berücksichtigt.
Der vollen Arbeitstätigkeit der Frau entspricht im Kibbuz ihre Befreiung von den Pflichten des privaten Haushalts und von der Pflege und Erziehung der Kinder. Alle Haushalts- und Erziehungsfunktionen werden grund-

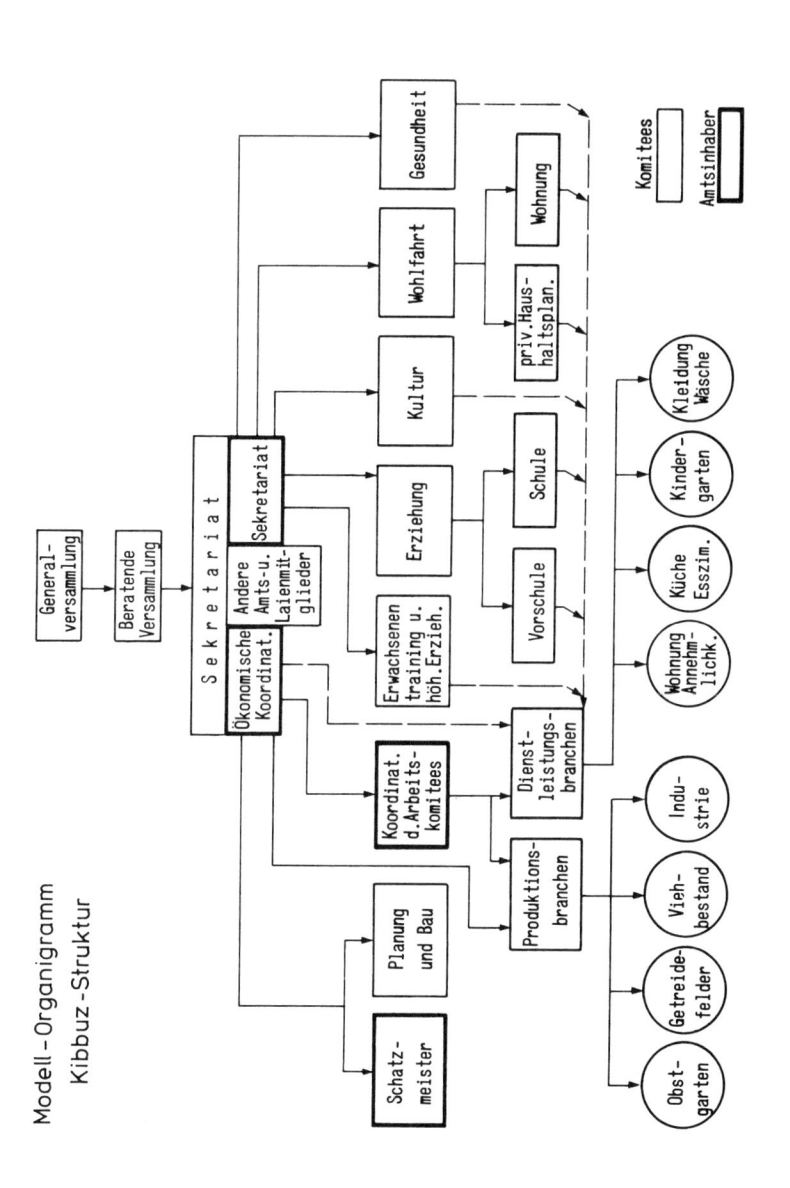

Modell-Organigramm
Kibbuz-Struktur

Generalversammlung → Beratende Versammlung → Sekretariat

**Sekretariat:**
- Ökonomische Koordinat.
- Andere Amts- u. Laienmitglieder
- Sekretariat

Verzweigungen:
- Schatzmeister
- Planung und Bau
- Produktionsbranchen → Obstgarten, Getreidefelder, Viehbestand, Industrie
- Koordinat. d. Arbeitskomitees
- Dienstleistungsbranchen → Wohnung Annehmlichk., Küche Esszim., Kindergarten, Kleidung Wäsche
- Erwachsenentraining u. höh. Erzieh.
- Erziehung → Vorschule, Schule
- Kultur
- Wohlfahrt → priv. Haushaltsplan., Wohnung
- Gesundheit

Legende:
- ▢ Komitees
- ▮ Amtsinhaber

sätzlich von kollektiven Institutionen erfüllt, gehören also zum Dienstleistungsbereich des Kibbuz.

4. Der Kibbuz praktiziert das Prinzip der *Gleichheit der realen Pro-Kopf-Einkommen;* das bedeutet die konsequente Aufhebung des Zusammenhangs zwischen individueller Arbeitsleistung, persönlichem Beitrag zur Produktion und realer Einkommenssituation des einzelnen. Es herrscht also – ohne jedes materielle Anreizsystem – das Prinzip: »Jeder nach seinen Fähigkeiten, jedem nach seinen Bedürfnissen« – im Rahmen der Möglichkeiten der Gemeinschaft.

5. Der Kibbuz ist als selbstverwaltetes Kollektiv nach *basisdemokratischen Ordnungsprinzipien* verfaßt; diese Selbstverwaltung wird getragen von zeitweiligen Amtsträgern ohne jede materielle Vergünstigung, die nach einem im ganzen eingehaltenen Rotationssystem nach 2 bis 3 Jahren ausgetauscht werden (vgl. Modell-Organigramm der Struktur und Verwaltung eines Kibbuz[12] auf S. 47).

## 2.3 Ständige Ausbalancierung von Freiheit und Gleichheit als Überlebensbedingung

Viele kommunitäre Experimente in der Geschichte sind gescheitert, weil sie die menschliche Individualität in ihrem Freiheitsdrang auf Dauer zu sehr eingeschränkt haben. Zumal vor dem Hintergrund zunehmender Individualisierungs- und Differenzierungsprozesse in den modernen Industriegesellschaften, von denen auch die israelische Gesellschaft seit der Staatsgründung fast dramatisch erfaßt ist, erweist sich das ständige Ausbalancieren von Freiheit und

---

[12] In der deutschen Fassung nach G. Heinsohn, a.a.O., S. 21; vgl. Barkai, Haim: Growth Patterns of the Kibbutz Economy, Amsterdam/New York/Oxford 1977, S. 5.

Gleichheit in der Gestaltung des Kibbuzlebens geradezu als dessen Überlebensbedingung. Daß sie bisher im ganzen erfüllt werden konnte, mag nicht zuletzt 2000 Jahren jüdischer Diaspora-Tradition des Überlebens unter ständigem Assimilationsdruck zuzuschreiben sein. Denn dank »unerbittlich hellsichtiger kollektiver Selbstbetrachtung und Selbstkritik« der Kibbuzniks war man »nirgends in der Geschichte der sozialistischen Bewegung« so sehr wie in den Kibbuzim darauf bedacht, »mitten im Prozeß der Differenzierung das Prinzip der Integrierung zu wahren«[13].

Etwa zur Halbzeit der bisherigen Kibbuz-Geschichte, im Zeitpunkt der Staatsgründung 1948, sah Martin Buber in philosophischer Überhöhung die Kibbuzim noch als »einen der beiden Pole des Sozialismus, zwischen denen die Wahl zu treffen ist«, und die er »Moskau« und »Jerusalem« nannte[14]. Gegenüber der »absoluten Ordnung, auferlegt auf unbestimmte Zeit um einer angeblich danach ›von selber‹ kommenden Ära der Freiheit willen« (»Moskau«) setzte er den sozialistischen Pluralismus des Kibbuz (»Jerusalem«) als »die rechte, täglich neu von den wechselnden Bedingungen aus überprüfte Proportion zwischen Gruppenfreiheit und Gesamtheitsordnung«. Aus heutiger Sicht, 40 Jahre nach dieser Interpretation Bubers, sind die Kibbuzim in ihren Leitideen wohl über ihre Rolle als »sozialistischer Pol« hinausgewachsen, jedenfalls wenn man diesen gleichsetzt mit dem traditionellen zionistischen Sozialismus der jüdischen Arbeiterbewegung und -parteien. Denn gerade manche jungen Kibbuzim in Israel, die in den letzten zwei Jahrzehnten entstanden sind, sind auch ideologisch »neu« begründet: z. B. auf verschiedene religiöse, oder auch urkommunistische, oder gar anthroposophische Leitideen[15]. Sie entspre-

---

13 Martin Buber, a.a.O., S. 227f.
14 Ebenda, S. 233.
15 Beispielhaft für junge Kibbuzim dieser Art seien kurz drei Fälle genannt, die die Verfasserin im Sommer 1988 besuchte:
   1. Der *anthroposophische* Kibbuz Harduff (TAKAM), 1980 von 9 blutjungen

chen damit offenkundig dem breiter gewordenen ideologischen Spektrum einer pluralistischen Gesellschaft in Israel.

Nach wie vor kennzeichnet aber die Ausbalancierung von Freiheit und Gleichheit im Sinne von Bubers »rechter Proportion von Differenzierung und Integrierung« den Entwicklungsprozeß der Kibbuzim inmitten eines rapiden gesellschaftlichen Wandels, dessen Assimilationsdruck von außen in den letzten Jahren allerdings geradezu dramatisch zugenommen hat, so daß über seine Auswirkungen auch auf die Zukunft des Kibbuz noch zu reden sein wird.

Der ständige Balanceakt zwischen den Prinzipien von Freiheit und Gleichheit hat sich konkretisiert in fast allen Entwicklungsschritten, die in den vier eingangs genannten Funktionsbereichen des Kibbuz (Produktion und Arbeit, Konsum, politische Ordnung, Erziehung) im Laufe der Zeit zu beobachten waren; er wird dort an einzelnen Beispielen noch sichtbar gemacht werden. Dabei darf aber nie deren Einbettung in den organischen Entwicklungsprozeß des Kibbuz als Lebensgemeinschaft der Generationen aus den Augen verloren werden. Hier kann man daher getrost dem

---

Kibbuzniks der 3. Generation in den Bergen von Südgaliläa gegründet, heute 60 Mitglieder; beschäftigt sich mit biologisch-dynamischem Landbau und Schafzucht, versorgt die umliegenden – insbesondere von Arabern und Beduinen bewohnten – Orte aus seiner Brotbäckerei mit Vollwert-Brot, Verpackung und Verteilung von »organischen« Produkten, vegetarisches Restaurant; plant Bau einer (Rudolf-Steiner-)Schule und anthroposophisches Medizin-Zentrum. Der Sprecher der durchweg jungen Leute: »Der Kibbuz versteht sich als spirituelle Gemeinschaft und ›island of initiative‹.«

2. Der *reform-jüdische* Kibbuz Yahel (TAKAM), 1977 in der Arava im südlichen Negev gegründet, heute 70 Mitglieder, gemischt aus jungen Sabres, die ihre Identifikation mit ihrem Judentum auf der Basis eines modernen Religionsverständnisses suchen, und reform-jüdischen Einwanderern aus den USA, von wo die wesentliche spirituelle (Rabbiner!) und materielle (großzügige Synagogen- und Bücherei-Ausstattung!) »guidance« kommt. Eine hinreichende Existenzsicherung neben der Landwirtschaft (Obstanbau) durch geeignete Industrien (Klima!) fehlt bisher. Stützpunkt für jüdische Jugendgruppen aus den USA, die nach Israel zu Besuch kommen.

3. Der Kibbuz Samar (keine Verbandsmitgliedschaft), ebenfalls Anfang der achtziger Jahre in der Arava im südlichen Negev gegründet, Versuch einer Gruppe junger Kibbuzniks, ihre Lebens- und Wirtschaftsgemeinschaft konsequent nach *urkommunistischen* Prinzipien zu gestalten. Keine näheren Informationen.

Grundsatz folgen, jeder Generation das Re-Arrangement ihrer Prioritäten zu überlassen – und zuzutrauen! Eben weil die Atmosphäre sozialer Geborgenheit im Kibbuz zugleich die Chance bietet, daß der einzelne seine persönlichen Fähigkeiten und Talente entwickeln kann, um *sowohl* die Gemeinschaft als Ganzes *als auch* sein eigenes Glück voranzubringen.

# 3. Der »kibbuz way of life«: eine ganzheitliche Lebensform

## 3.1 Generationengemeinschaft

Nach einer bis zu acht Jahrzehnte langen Geschichte leben in den Kibbuzim häufig die Gründungsväter mit ihren Urenkeln zusammen. Längst haben sich – einmal abgesehen von den Neugründungen nach 1968 – die Kibbuzim zu Multi-Generationen-Gemeinschaften entwickelt; sie realisieren damit eine Dimension ganzheitlichen Lebens im Miteinander aller Lebensaltersstufen, das sich deutlich vom gegenläufigen gesellschaftlichen Trend zur Kleinfamilie und zur »Altersteilung« abhebt. Dieser existentielle Zusammenhalt der Generationen ist heute konstitutiv sowohl für die Kibbuz-Gemeinschaft als Ganzes als auch für ihre familiäre Substruktur.

Denn längst gehören die legendären »antifamiliären« Tendenzen der Anfangsjahre in den Kibbuzim der Vergangenheit an; motiviert waren sie allerdings auch früher wohl weit weniger durch ideologische als durch praktische Erfordernisse, wie sie durch ein extrem hartes und entbehrungsreiches Pionierdasein in feindlicher Umgebung zunächst diktiert wurden und sich deshalb auch mit zunehmender Normalisierung auswuchsen. In vielen Kibbuzim wurden bereits früh Möglichkeiten geschaffen, daß Kibbuzniks ihre Eltern – häufig »Sozialfälle« aus der Generation der Holocaust-Opfer – von draußen in den Kibbuz holen und dort sich um sie kümmern konnten.

Mit dem weiteren Aufwuchs einer natürlichen Alterspyramide in den Kibbuzbevölkerungen haben sich inzwischen überall fast großfamiliäre Strukturen herausgebildet: oft leben 30 und mehr Mitglieder von Familien mehrerer verschwisterter Generationen in ein und demselben Kibbuz, damit immer auch in räumlicher Nähe und einem natürlichem Lebensverbund des Alltags. Dabei fällt vor allem auf, welche außerordentlich positive und aktive Rolle in den Familien die *Großeltern* spielen, verstärkt durch den vorherrschenden Respekt vor der Gründergeneration, insbesondere aber auch durch deren fortdauernde volle Eingliederung in die arbeitende Gesellschaft des Kibbuz, von der später noch die Rede sein wird. Allerdings entspricht dies insgesamt jahrhundertealter jüdischer Tradition der »Mishpoche«: des intensiven Zusammenhalts in der Großfamilie, die angesichts der zunehmenden Orientalisierung der Gesellschaft in Israel heute eine eher noch größere Rolle spielt und insofern auch mit die auffällige »Familiarisierung« der Kibbuzim erklärt.

Wenn empirisch begründet festgestellt werden kann, daß die Familien in den Kibbuzim insgesamt vitaler (z. B. kinderreicher: 3 bis 4 Kinder pro Familie sind die Regel), auch langlebiger und stabiler (z. B. scheidungsärmer) als »draußen« in der israelischen Gesellschaft sind[16], so wird dies sicher zutreffend im Zusammenhang gesehen mit ihrer Entlastung von wirtschaftlichen Abhängigkeiten aller Art, oder umgekehrt ausgedrückt: die umfassende soziale Sicherung aller Kibbuzmitglieder ermöglicht einen extrem »entspannten« Zusammenhalt gerade auch in den Familien.

Damit soll nicht gesagt sein, daß es etwa in den Kibbuzim keine Generationenkonflikte gibt. Eine Fülle von Studien über die »zweite Generation« in den Kibbuzim hat vielmehr gezeigt, wie weit insbesondere der ideologische und erfah-

---

16 Vgl. Stanley Maron 1987, a.a.O., S. 15.

rungsmäßige Abstand der Kinder und erst recht der Enkel von der Gründergeneration ist. Im Prinzip ist der Spielraum für die Selbstverwirklichung jeder Generation aber gesichert: im Extremfall durch die – jederzeit mögliche – Abwanderung, die etwa 40 bis 50 Prozent der Jungen wählen, worunter aber auch die »Neugründungen« junger Kibbuzim zu zählen sind, die eher dem Prinzip der Zellteilung folgen und häufig gerade neue inhaltliche oder organisatorische Vorstellungen zu verwirklichen suchen[17].

Das Prinzip der Generationengemeinschaft im Kibbuz legt diesen aber eigentlich auf *Kontinuität* seiner eigenen Generationenfolge an, d.h. das »Kommen« und vor allem das »Gehen« seiner Mitglieder darf den existentiellen Zusammenhalt der Generationen in der natürlichen Kibbuzgemeinschaft nicht in Frage stellen, der ja gerade auch die Verantwortung für die Nachwelt sicherstellt, *ohne* jeden »Generationen-Vertrag«.

Wenn vorher generell auf das Problem der Ausbalancierung von Differenzierungs- und Integrierungstendenzen im Kibbuz hingewiesen wurde, so gilt dies insbesondere für die Gestaltung seiner sozialen Lebenszusammenhänge: so folgt die heute zunehmende Einführung einzelfamiliärer Wohn-, Schlaf- und gelegentlich auch Eßarrangements in vielen Kibbuzim eben diesem allgemeingesellschaftlichen Trend – wie auch schon früher die Bemühungen der Kibbuzim um den Auf- und Ausbau individuellen Lebensraums für ihre Familien und Singles. Dabei helfen aber gleichzeitig schon die räumliche Nähe und der Lebens- und Arbeitszusammenhang, jede Isolierung zu vermeiden und die Integration etwa auch der Kranken, Alten und Kinder zu sichern.

---

17 Siehe Anmerkung 15.

## 3.2 Geschlechterrollen im Kibbuz: Erfahrungen nach Vergemeinschaftung der Haus- und Sorgearbeit

Wohl kein Prozeß ist im »Soziallabor Kibbuz« über die Jahrzehnte so aufmerksam verfolgt und analysiert worden wie die Entwicklung der Geschlechterrollen, oder genauer: der Rolle der Frauen. Zwar liest sich in den heutigen Kibbuzstatuten der Passus (vgl. §6g, S. 45), der »die tatsächliche Gleichheit« weiblicher Kibbuz-Mitglieder auf allen Gebieten postuliert, kaum anders als eine x-beliebige Gleichstellungsprogrammatik, wie sie inzwischen auch anderwärts zur Gewohnheit geworden ist. Hochgespannte Erwartungen und besonderes Interesse gelten aber eben gerade der Frage, wie die Kibbuzim seit nunmehr 80 Jahren dieses Postulat in die Praxis umgesetzt haben. Dabei erklärt sich historisch die Kollektivierung der Erziehungs-, Haus- und Sorgearbeit im Kibbuz als Basis dieser Gleichstellung weit weniger ideologisch als vielmehr pragmatisch: die Sicherheits-, Raum- und Arbeitsnöte der Pionierzeiten verlangten gebieterisch nach Kollektivlösungen der Kinderversorgung und -erziehung einerseits und der Mitarbeit aller erwachsenen Männer wie Frauen andererseits. Die damit verbundene Emanzipation der Frauen von ihrer herkömmlichen Hausfrauen- und Mutterrolle galt aber auch als Ideal in einer am Gleichheitsprinzip orientierten Gemeinschaft, als Voraussetzung uneingeschränkter Mitwirkung der Frauen in allen Bereichen des Kibbuzlebens, insbesondere im Arbeitsleben und bei allen öffentlichen Aktivitäten.

Wenn aus heutiger Sicht oft festgestellt wird, daß der Kibbuz das Problem der Chancengleichheit für die Frauen *nicht* gelöst habe, so wird dies meist daran festgemacht, daß es auch im Kibbuz nach wie vor eine geschlechterspezifische Arbeitsteilung gibt, die in etwa der traditionellen Rollenverteilung zwischen Männern und Frauen entspricht:

● Neueren Erhebungen zufolge arbeiten heute etwa 90

Prozent der Frauen (wieder!) in den Dienstleistungs- und Erziehungsbereichen; in der Frauenbeschäftigung dominieren also die »haushaltsähnlichen Arbeiten«.

- Nur insgesamt etwa 10 Prozent weibliche Funktionsträger finden sich in den drei wichtigsten öffentlichen Kibbuzämtern (Kibbuz-Sekretär, Produktionsmanager, Rechnungsführer), woraus auf mangelhafte »politische Partizipation« der Frauen geschlossen werden könnte[18].

Allerdings erscheint es fraglich, ob daraus wirklich das Fehlschlagen der Gleichstellungsidee im Kibbuz gefolgert werden kann; denn folgende Errungenschaften des Kibbuz können dem entgegengehalten werden[19]:

»1. Jede Frau gehört im selben Maße wie die Männer zu den Berufstätigen; weder Geburten noch große Familien stellen für ihre Karriere ein Hindernis dar.

2. Sie sind nahezu frei von Hausarbeit, und hier gibt es eine Rollenverteilung nur in geringem Ausmaß.« (Allerdings wird auf gegenläufige neuere Tendenzen noch einzugehen sein!)

»3. Obwohl es eine scharfe Arbeitsteilung zwischen Männern und Frauen gibt, ermöglichen es die Charakteristika der Arbeit der Frauen (Nutzung vorhandener Kenntnisse, Interesse an der Arbeit usw.), daß diese mindestens ebenso große Befriedigung durch den Beruf erlangen wie die Männer.« (Empirisch belegt)

»4. Neue Untersuchungsergebnisse zeigen, daß die Arbeit der Frauen im Kibbuz einen hohen Stellenwert genießt.

5. Die Möglichkeiten qualifizierter Ausbildung in den ›weiblichen‹ Berufen sind nicht geringer als die in den ›männlichen‹.

6. Weibliche Kibbuzniks nehmen an politischen öffentli-

---

18 Vgl. Michael Palgi: Aktivitäten weiblicher Kibbuzniks, S. 247 ff. in: G. Heinsohn, a.a.O.
19 Ebenda, S. 260 f.

chen Aktivitäten in höherem Maße teil als in jeder anderen Gesellschaft.«

Die Professionalisierung der Kinderpflege- und Dienstleistungsbereiche im Kibbuz hat gleichzeitig die Ausbildungs- und Berufspräferenzen der Mädchen für diese »weiblichen Bereiche« stark vorbestimmt, zumal angesichts der hohen Nachfrage dank reichem Nachwuchssegen im Kibbuz und neuerdings auch steigendem Pflegebedarf bei den Alten. Gerade hier zeigt sich aber, daß auch im Kibbuz einerseits das Problem der stärkeren Heranziehung der Männer bei der Kindererziehung durch deren Professionalisierung bisher *nicht* gelöst werden konnte und andererseits dadurch für die beruflichen Ambitionen der Frauen oft nach wie vor wegen der Vordringlichkeit dieses Bedarfs Richtung und Grenzen vorgegeben sind.

An dieser Stelle muß aber auch darauf hingewiesen werden, daß die Kibbuzim sich nie von ihrem gesellschaftlichen Umfeld abkapseln konnten und wollten, und daß die starken Individualisierungs- wie auch die Orientalisierungstendenzen der israelischen Gesellschaft deswegen voll in die Kibbuzim hineinwirken. Symptomatisch hierfür ist die seit den siebziger Jahren in der Kibbuzbewegung vehement geführte Diskussion um die Abschaffung des kollektiven Übernachtungssystems in den Kinderhäusern zugunsten eines familialen »sleeping arrangement« – mit allen Folgen zum einen für die Umstrukturierung des Wohnungsbestandes, aber gerade auch für eine weitere Privatisierung der Elternarbeit, meist zu Lasten der Frauen.

Diese Veränderung ist heute bereits in fast allen Kibbuzim der »Vereinigten Kibbuzbewegung TAKAM« beschlossen und auch schon vielfach umgesetzt worden. Der ideologisch striktere »Kibbuz-Arzi-Verband« hat hingegen bisher erst in jedem vierten Kibbuz diesen Weg beschritten[20]. Den An-

---

20 Vgl. Melzer/Neubauer, a.a.O., S. 29.

stoß zu dieser Entwicklung gaben in erster Linie Mitglieder der jungen Generation in den Kibbuzim, und hier wiederum häufig Newcomer von draußen, also durch Heirat und Zuzug aus der Stadt gewonnene Neukibbuzniks. Es liegt auf der Hand, daß diese Entwicklung gerade von den älteren Kibbuzniks oft als gefährliche Auflösungserscheinung der Kollektivprinzipien gewertet wird, und zweifellos verringert sie den emanzipatorischen Vorsprung der Kibbuzfrauen gegenüber ihren Geschlechtsgenossinnen draußen. Zu beachten ist aber dabei, daß »Gleichheit« im Kibbuz grundsätzlich bedeutet: jeder (gibt) nach seinen Fähigkeiten, – jedem (wird gegeben) nach seinen Bedürfnissen! Soweit also die neuen Entwicklungen diesen – selbstbestimmten! – Fähigkeiten und Bedürfnissen der Kibbuzfrauen entsprechen (woran angesichts der basisdemokratischen Entscheidungsabläufe im Kibbuz nicht zu zweifeln ist), signalisieren sie wohl vor allem einen dem Zeitgeist in der israelischen Gesellschaft folgenden Wandel dieser Bedürfnisse in Richtung auf eine stärker familialistische Orientierung.

Daß in Zukunft in den Kibbuzim die Frauenfrage eher im Zusammenhang mit veränderten Männerrollen gesehen und angegangen wird, kommt in den Zielsetzungen zum Ausdruck, die eine seit 1984 eingerichtete Abteilung zur Förderung von Gleichheit (sexual equality) der beiden großen Kibbuz-Verbände verfolgt[21]:

»1. Alle Mitglieder, Männer wie Frauen, teilen sich in allen Lebensbereichen die Verantwortung:

    a) im Erziehungs-, Dienstleistungs- und Produktionsbereich,

    b) in der Übernahme von Schlüsselpositionen in den sozialen und wirtschaftlichen Bereichen des Kibbuz, der Bewegung und des öffentlichen Sektors.

2. Die Verantwortung innerhalb der Familie hinsichtlich

---

21 Ebenda, S. 116.

Kindererziehung und des Haushalts sowie im Hinblick auf Integration von Familienleben und Engagement im Kibbuz wird geteilt.
3. Ausbildung, Studium und Berufstätigkeit erfolgen entsprechend den individuellen Interessen und Fähigkeiten unabhängig vom Geschlecht der Person.
4. Zwischen den Bedürfnissen und Fähigkeiten des einzelnen und den Bedürfnissen der Gesellschaft ist ein ausgewogeneres Verhältnis herzustellen.«

### 3.3 Ein »homo kibbuzius«?

Es war schon früher von der zionistischen Idee die Rede, einen »neuen Menschen« in Palästina/Israel zu schaffen, der ganz anders als die jüdischen »Luftmenschen«[22] und Intellektuellen der europäischen Diaspora sein sollte. Diese Ideen und Hoffnungen hatten in der Kibbuzbewegung von Anbeginn einen hohen Stellenwert, und in der Tat ist oft – auch in der Wissenschaft – die Frage gestellt worden, ob in den Kibbuzim ein neuer Menschentypus entstanden sei, so etwas wie ein »homo kibbuzius«[23].

Diese Frage ist zu eng mit dem ganzheitlichen Erziehungskonzept und -system des Kibbuz verflochten, als daß ihr hier weiter nachgegangen werden könnte. Auch ist dieser Komplex neuerdings in einem deutsch-israelischen Gemeinschaftsband in breiter erziehungswissenschaftlicher Kompetenz abgehandelt worden[24].

Der Kibbuz ist gelegentlich als »natürliches Verhaltenslabor« und »Farm des neuen Menschen« beschrieben und

---

22 So nannte B. Borochow die russischen Juden wegen ihrer fehlenden landwirtschaftlichen Basis, vgl. ebenda, S. 90.
23 Vgl. Saadia Gelb: Homo Kibbutzius, S. 454ff., in: Gorni/Oved/Paz (ed.): Communal Life, a.a.O.
24 Siehe Melzer/Neubauer, a.a.O.

hinterfragt worden[25]. In der Alltagswelt (und Karikatur: siehe Abbildung) Israels ist der »typische Kibbuznik« eine vertraute Figur, obgleich er, wie auch »der Kibbuz«, in dieser verallgemeinernden Form natürlich nicht existiert, eher jeweils durch bestimmte Verhaltensweisen und Einstellungsmerkmale charakterisiert wird.

Hervorzuheben sind im Kontext dieser Arbeit vor allem zwei Prägungen der Menschen im Kibbuz:

Die eine ergibt sich aus der Idee der *Selbstverwirklichung in der Arbeit,* von der es in den Worten einer Pionierin der Kibbuzbewegung heißt[26]: »In der Arbeit verwirklichst du dich, deine Wünsche, und du baust deine Persönlichkeit auf. Aufbauen nicht im materiellen Sinn, sondern im Sinne der Erneuerung des Menschen in dir.«

Die andere Prägung folgt aus der besonderen *Qualität der menschlichen Beziehungen,* die in den Strukturen des Kibbuzlebens möglich sind und die gerade aus heutiger Sicht sicher viel zur Anziehungskraft des Kibbuzmodells beitragen. Allerdings sind sie auch gekennzeichnet durch die große Dichte des Zusammenlebens, das wenig Möglichkeiten zur Anonymität bietet, selbst in der persönlichsten Lebenssphäre. Der israelische Schriftsteller Amos Oz hat sich in einem seiner Romane einmal über den Klatsch im Kibbuz sehr plastisch ausgelassen[27]:

»Klatsch spielt hier eine wichtige und anerkannte Rolle; auf seine Art trägt er zur Reformierung unserer Gesellschaft bei. Sein Geheimnis liegt in der Selbstreinigung. Das Geheimnis liegt darin, daß einer den anderen Tag und Nacht beurteilt, unbarmherzig und leidenschaftslos. Jeder urteilt hier und jeder wird beurteilt, und keiner Schwäche kann es

---

25 Siehe einen Wissenschaftsreport in drei Folgen von D. E. Zimmer im ZEIT-Magazin, Nr. 42–44, 1984, unter diesem Titel.
26 Zitiert aus dem Fernsehfilm »Anou Banou, Töchter der Utopie«, Israel 1982, nach Melzer/Neubauer, a.a.O., S. 90f.
27 Amos Oz: Elsewhere Perhaps, New York 1966, S. 8f. (deutsche Fassung zitiert nach G. Heinsohn, a.a.O., S. 215.)

# A KIBBUTZNIK

קיבוצניק

The *tembel* hat is the traditional symbol of the kibbutznik. True, "tembel" means "fool", but this is purely coincidental.

The truth is that most kibbutniks have no moustache at all. But outside of Israel, everyone thinks that kibbutzniks have moustaches. So, when a kibbutznik goes abroad, he grows a temporary moustache.

This watch has a special leather cover dating from times when a watch was a priceless commodity and kibbutz members worked hard paving roads and drying swamps. The cover protected the watch. Some kibbutzniks don't realize that today, the roads are paved, the swamps are dry and watches are quite common.

The fact that the kibbutznik's shirt is too small dates back to the "olden days" of the kibbutz commune, when kibbutz members had no individual clothing to themselves. Shirts and pants were distributed weekly from the central storehouse and returned for laundering and redistribution. Today, every kibbutznik has his own shirt, but the kibbutz is still a commune.

Usually, everyone eats together in the General Dining Hall. But today, our kibbutznik's wife felt like eating at home. This pot from the central kitchen contains Swedish meatballs, a tossed salad, mashed potatoes, creamed spinach and fruit cocktail.

There is no such thing as a kibbutz child who hasn't learned to play the flute, guitar, or some other musical instrument. The recorder is in this kibbutznik's pocket because at 8:00 tonight there's a rehearsal of the regional flute orchestra (in the old workshop).

On Saturday, our kibbutznik worked in the kitchen, peeling potatoes (note Band-Aid on right thumb) but today he's working in irrigation, which requires boots.

Every Saturday afternoon, our kibbutznik goes to the Old Timers Volleyball Club. The scraped knee (and the broken glasses) bear witness to his participation in the last practice session.

*»Homo kibbuzius«*.

für lange gelingen, der Beurteilung zu entgehen. Es gibt keine geheimen Winkel. In jeder Minute des Lebens wird man beurteilt. Dies ist der Grund dafür, daß jeder von uns genötigt ist, seine Natur zu bekämpfen, sich selber zu läutern. Wir polieren einander wie ein Fluß seine Kiesel poliert. Unsere Natur widersetzt sich dem nicht...«

Die Lebensform des Kibbuz gewährleistet andererseits seinen Mitgliedern Freiheit von allen ökonomischen Abhängigkeiten; so etwa von einem Vorgesetzten, weil ja alle Leitungsfunktionen grundsätzlich der Rotation unterliegen. Der »herrschaftslose« Sozialismus des Kibbuz ermöglicht deswegen freiere und zwanglosere menschliche Beziehungen seiner Mitglieder untereinander. Da das übliche »zentrale Beziehungsmittel« des *Geldes* fehlt, durch das in anderen sozialen Systemen der einzelne finanziell seine »Selbständigkeit« realisiert, müssen die Kibbuzniks alle alltäglichen Dinge über ein menschliches Beziehungsgeflecht regeln, das natürlich als persönliche Abhängigkeiten erlebt wird: sei es mit dem Arbeitskoordinator, den Arbeitskollegen, Handwerkern, der Verwalterin der Kleiderkammer, dem Komitee, das über Auslandsreisen beschließt, oder aber auch dem medizinischen Service. Die Erfahrung zeigt, daß die im Kibbuz Geborenen anders als die Gründergeneration es schwerer haben, diese soziale Ordnung und Lebensform nicht nur als vorgegeben, sondern als notwendig zu akzeptieren und sich mit ihr voll zu identifizieren.

Um in etwa das *Gesamtklima* der zwischenmenschlichen Beziehungen im Kibbuz kompetent zu charakterisieren, sollen hier abschließend die Urteile von zwei Kibbuz-Forschern – einem Israeli und einem Deutschen – wiedergegeben werden, die auch Fritz Vilmar in seiner neuesten Kibbuz-Studie[28] zitiert und die sich beide auf eigene empirische Untersuchungen stützen:

---

28 F. Vilmar, a.a.O., S. 38f.

*Leviatan:* »Die Persönlichkeiten im Kibbuz sind dieselben wie woanders, noch keine Forschungsarbeit hat das Gegenteil bewiesen oder Unterschiede in der Persönlichkeitsstruktur ans Licht gebracht. Wir stellen aber auch fest, daß sich Kibbuzmitglieder anders verhalten und benehmen, z. B. fast gewaltlos, ohne jede körperliche, nahezu ohne verbale Gewalt; z. B. entwickelt auch ein viel größerer Prozentsatz Bedürfnisse nach Weiterbildung, nach Selbstentfaltung usw. Wir haben eben eine Gesellschaft entsprechend bestimmter Verhaltensprinzipien aufgebaut, in der sich das individuelle Verhalten dann auch tatsächlich verändert hat. Das heißt, wir müssen nicht mehr zweihundert Jahre warten, bis sich die Erbanlagen der Menschen ändern. Es liegt in unserer Hand. Wir können bereits innerhalb einer Generation etwas erreichen.«

*Weidinger:* »Im ganzen bietet die Befreiung der einzelnen Kibbuzmitglieder von ökonomischen Existenzsorgen die Chance zu verstärkter Beschäftigung mit Fragen der persönlichen Entwicklung, der sozialen Beziehungen und zu kommunalem und politischem Engagement. Der Wegfall des Konkurrenz- und Prestigedrucks erlaubt einen streßfreien Umgang miteinander, und die wachsende Bedeutung der Erhaltung einer natürlichen Umwelt verstärkt die Tendenz zu einem ruhigeren Lebensmilieu. Die Summe all dieser Faktoren ergibt eine auch für westliche Maßstäbe außerordentliche Lebensqualität, deren spezifischer Charakter auf das Verhalten des einzelnen Kibbuzniks zurückwirkt.«

### 3.4 Der Kibbuz als egalitäre Konsumgemeinschaft

So unangefochten die Akzeptanz der kollektiven Produktionsformen des Kibbuz im Zeitablauf geblieben ist, so sehr ist mit dem Bedeutungszuwachs des Privatlebens in den Kibbuzim ein Wandel in ihrer Konsumsphäre eingetreten;

denn das Prinzip gemeinschaftlicher Lebensgestaltung und strikter materieller Gleichstellung aller Kibbuzmitglieder war durch vorherrschende Konsum-Standards und -Verhaltensmuster der übrigen Gesellschaft Israels und darüber hinaus der westlichen Welt einem besonders starken Anpassungsdruck ausgesetzt. Dennoch besteht nach wie vor das Prinzip des kollektiven Konsums in den Kibbuzim fort, wenn auch – mit starken Variationen von Kibbuz zu Kibbuz – modifiziert durch Zugeständnisse in Richtung auf eine Teilprivatisierung. Erschütterte noch in den fünfziger Jahren etwa die Frage, ob die Kibbuzniks eigene Teekessel besitzen sollten, die gesamte Kibbuzbewegung in einer Grundsatzdiskussion, so gehören heute Farbfernseher und Radio, häufig auch Telefon und Klimaanlage in der Mehrzahl der Kibbuzhaushalte zur Standardausstattung – mit unübersehbaren Folgerungen für die »Privatisierung« des Konsum- und Freizeitverhaltens der Kibbuzniks.

Insgesamt wird aber der Anteil des *gemeinschaftlich besorgten Konsums* (Ernährung, Erziehung und Bildung, Wohnen und Einrichtung, Transportmittel, soziale Hilfen, medizinische Versorgung etc.) im Durchschnitt aller Kibbuzim immer noch mit etwa 80 Prozent des gesamten Konsumbudgets eines Kibbuzmitglieds angesetzt und nur etwa 20 Prozent in der Geldform eines *persönlichen Budgets,* das entweder zur völlig freien Verfügung gestellt wird, oder aber – um zu großen Unterschieden in der Ausstattung der Kibbuzniks vorzubeugen – als verbindlich festgelegte Einzelbudgets, etwa für Kleidung, kulturelle Bedürfnisse, Möbel, Reisen etc.[29] Dieser Kompromiß ist zwar als ökonomisch rational zu bezeichnen, weil er die Befriedigung unterschiedlicher Konsumpräferenzen und damit eine bessere individuelle Nutzenmaximierung ermöglicht; er modifiziert aber zugleich den Egalitätsanspruch des Kibbuz nicht unwesentlich.

---

29 Vgl. Kibbutz Studies Nr. 23 (Mai 1987), S. 22.

Daß damit qualitative Veränderungen in der Kibbuzgemeinschaft einhergehen, wird – neben der bereits angesprochenen Privatisierung des Kinder-Wohnens – besonders an den gewandelten sozialen Eßgewohnheiten in den Kibbuzim deutlich: zwar war die obligatorische Gemeinschafts- und Einheitsverpflegung in den ersten Jahrzehnten häufig eher aus der Not als aus spezifischen Idealen geboren worden. Dennoch ist der Stellenwert der gemeinsamen Mahlzeiten der Kibbuzniks in ihrem »Chader Ochel«, dem Speise- und Kommunikationszentrum jedes Kibbuz, für den kollektiven Zusammenhalt so hoch einzuschätzen – von Fritz Vilmar plastisch als »speisende Vergemeinschaftung« bezeichnet –, daß er zumindest in einem Kernbestand, insbesondere am Shabbat und anderen besonderen Tagen, sich wohl auch in Zukunft halten dürfte. Dies ist gerade im Hinblick auf seine ökonomischen, ökologischen und kommunikativen Vorteile zu erwarten, die insbesondere die Frauen (wie Vilmar bemerkt: bei häuslichem Job-Sharing noch schneller die Männer!) durch mehr Abwechslung, Arbeitserleichterung und soziale Kontakte am gemeinsamen Essen jedenfalls im großen und ganzen festhalten lassen werden.

Erfahrungen mit der völligen Privatisierung des Eßbereichs bestehen im sogenannten »Moshav Shitufi«, einer besonderen Form kollektiver Siedlungen in Israel, die sich von den Kibbuzim im wesentlichen dadurch unterscheiden, daß jede Familie ihr eigenes Essen einkauft, zubereitet und einnimmt[30]. Entsprechend fällt der Anteil des persönlichen Konsumbudgets in Geldform im Moshav Shitufi mit etwa 60 Prozent wesentlich höher aus als im durchschnittlichen Kibbuz, aber die Individualisierungstendenzen sind hier

---

30 Vgl. Jack Yeriel: Moshav Shitufi – a Kibbutz by Another Name, Kibbutz Studies No. 25 (Febr. 1988), S. 16ff. Gegenwärtig gibt es in Israel 7 Moshavim Shitufim, die der TAKAM angehören: Regba, HaBonim, Neve Ilan, Kfar Daniel, Yodfat, Ashalim, Shorashim.

auch besonders ausgeprägt und die herkömmliche Rollenverteilung der Geschlechter wird eindeutig bestärkt[31].

Natürlich muß sich allgemein die Planung des Konsumbudgets, über die alljährlich auf Vorschlag des jeweiligen Kibbuz-Finanzsekretärs durch die Generalversammlung beschlossen wird, an den ökonomischen Möglichkeiten und Grenzen des Kibbuz orientieren. So hat in einer großen Anzahl von Kibbuzim in den achtziger Jahren die krisenhafte Wirtschaftsentwicklung, von der später noch die Rede sein wird, zu einschneidenden Kürzungen der Konsumbudgets geführt, die sowohl den gemeinschaftlichen Konsum (z. B. einfacheres Essen) als auch die persönlichen Budgets (z. B. Stopp aller Auslandsreisen) betreffen. Gerade in Krisenzeiten wird aber auch deutlich, daß die Kernbereiche der egalitären Konsumgemeinschaft Kibbuz – insbesondere das gemeinsame und einheitliche soziale Sicherungsnetz und das kollektive Erziehungs- und Ausbildungssystem – noch am unangefochtensten Bestand behalten; oder, in ökonomischen Kategorien ausgedrückt: die Versorgung der Kibbuzniks mit »öffentlichen Gütern« genießt tendenziell immer noch Vorrang vor der »Privaten-Güter«-Ausstattung, *entgegen* allen Tendenzen zu »öffentlicher Armut bei privatem Reichtum« (Galbraith) in den westlichen Industriegesellschaften.

Eine Modifizierung des Egalitätsprinzips im Kibbuz hat sich im Lauf der Zeit de facto auch durch das Entstehen besonderer individueller Besitzstände ergeben: etwa durch Wiedergutmachungszahlungen an deutsche Juden in Israel, oder durch Erbfälle, oder auch neuerdings durch den Neueintritt vieler junger Familien aus den Städten in die Kibbuzim, die über private Immobilien und Bankguthaben verfü-

---

31 Dies charakterisiert J. Yeriel, ebenda, S. 18, mit folgenden Worten (Übersetzung von der Verfasserin): »Für die Frau, die als Hausfrau und Mutter zufrieden ist, ist dies die bessere der zwei Welten. Aber die Frau, die im Beruf arbeitet und eine verantwortliche Position im Moshav übernehmen möchte, ist zur Frustration verurteilt.«

gen. Zwar gilt nach wie vor – auch durch erst 1983 erneuten Beschluß der Kibbuzverbände[32] – das Prinzip, daß solcher Privatbesitz der Kibbuzmitglieder unzulässig und – jedenfalls auf Dauer – an das Kollektiv zu übertragen sei. Allerdings scheint hier die Praxis allem Augenschein nach nicht allzu strenge Prinzipientreue zu üben, wenngleich das interne soziale »Kontrollsystem« des Kibbuz auch sicherstellen dürfte, daß zu unbekümmerte Verstöße gegen das Prinzip auf Dauer unterbunden werden.

---

32 Dieser TAKAM-Beschluß lautete (Übers. v. d. Verfasserin): »Private Besitztümer, ihre Haltung und Nutzung durch Kibbuzmitglieder, verstößt gegen die Kibbuzprinzipien und ist nicht vereinbar mit der Mitgliedschaft in einem Kibbuz. Demzufolge muß ein Mitglied dem Kibbuz die Eigentumsrechte und die volle Nutzung an jeglichen Besitztümern übertragen, die ihm vermacht werden.« Kibbutz Studies No. 10 (Sept. 1983), S. 3.

# 4. Wirtschaftsform Kibbuz: Wandel und Kontinuität nach Maßgabe des Faktors Arbeit

## 4.1 Kibbuz-Landwirtschaft: mehr als ein Produktionszweig

Israel hat in den 40 Jahren seiner bisherigen staatlichen Existenz nicht nur seine viel bewunderte – und kritisierte – politische und militärische Lebenskraft bewiesen, sondern auch eine soziale und wirtschaftliche Entwicklungsdynamik gezeigt, die wohl einzigartig ist. Von einem »Wirtschaftswunder« im wahrsten Sinne des Wortes sprach ein Bericht der Weltbank zum Stand der wirtschaftlichen Entwicklungen in Israel schon 1968. Diese »Halbzeit« markiert aber auch ziemlich genau den Umbruch zwischen den Phasen eines spektakulären, im wesentlichen extensiven Aufbaus in den ersten zwei Dekaden und einem krisenreichen Evolutionsprozeß mit intensiver Konsolidierung und Umstrukturierung von Wirtschaft und Gesellschaft seither[33].

So kann es nicht verwundern, daß auch die Kibbuz-Wirtschaften in dieser Periode einen dramatischen Wandel erfahren haben; seine zentrale Herausforderung stellte die Industrialisierung dar, die daher besonders im Blickfeld der weiteren Betrachtungen stehen wird.

---

[33] Vgl. hierzu: Christiane Busch-Lüty: Entwicklungsphänomen Israel: Vom Kibbuz zum Kapitalismus? Aus Politik und Zeitgeschichte B 4/79; sowie grundlegend: Yoram Ben-Porath (ed.): The Israeli Economy. Maturing through Crises, Cambridge Mass./London 1986, und Michael Wolffsohn, a.a.O. (Anm. 6).

Vorweg ist jedenfalls zu konstatieren, daß die Kibbuzim diesen Wandlungsprozeß überlebt und dabei eine bemerkenswerte Flexibilität nicht nur in der Anpassung, sondern auch in der aktiven Gestaltung der Verhältnisse bewiesen haben. Ob und wie sie ihre »industrielle Revolution« allerdings wirklich *verkraftet* haben, angesichts ihrer fundamentalen ideologischen und historischen Verwurzelung in der *Landwirtschaft,* ist pauschal sehr viel schwerer feststellbar. Denn trotz aller Strukturwandlungen sind die Kibbuzim nach wie vor *ländliche* Gemeinschaften auf landwirtschaftlicher Basis. Sind doch bisher alle Versuche der Errichtung städtischer Kibbuzim wohl auch deswegen gescheitert, weil ihnen die gemeinsame landwirtschaftliche Minimalbasis für den Kibbuz-Zusammenhalt fehlte; einmal ganz abgesehen von der schon erwähnten Bedeutung des Grundgedankens der »Eroberung des Bodens« im Lande Israel als tragendes Grundmotiv für die zionistische und erst recht die Kibbuz-Bewegung. Da deswegen prinzipiell der Boden in Israel Nationaleigentum ist (genauer: zu 92 Prozent), pachten die Kibbuzim das ihnen zugewiesene Land vom Staat durch einen alle 49 Jahre zu erneuernden Vertrag.

Im Unterschied zu den meisten Entwicklungsländern haben die Israelis bis in die sechziger Jahre hinein der rapiden Entfaltung ihrer Landwirtschaft Priorität eingeräumt; die Kibbuzim waren ganz wesentlich Träger und Schrittmacher dieser Politik. Auch heute bildet eine hochmodern geführte gemischte Landwirtschaft (Viehzucht, Obst- und Gemüsebau sowie Feldkulturen) das Rückgrat der meisten Kibbuzwirtschaften, wobei allerdings insgesamt nur noch 40 Prozent der gesamten Kibbuzeinkommen in diesem Bereich erwirtschaftet werden (zum Vergleich: der Anteil der Landwirtschaft am israelischen Volkseinkommen liegt unter 10 Prozent) und nur noch knapp 30 Prozent aller Kibbuzmitglieder in der Landwirtschaft beschäftigt sind (in Israel sank in den achtziger Jahren die landwirtschaftliche Beschäftigungsquote unter 5 Prozent). Die Kibbuzim bearbeiten knapp 40 Prozent der landwirtschaftlichen Nutzfläche, nutzen 42 Prozent der zur Verfügung stehenden Wassermengen und erstellen 40 Prozent der gesamten landwirtschaftlichen Produktion und Ausfuhr Israels. Absolut dominierend sind sie bei den Feldkulturen: Mitte der achtziger Jahre entfielen über 50 Prozent der Weizenernte, 67 Prozent der Kartoffelernte und sogar knapp 80 Prozent der Baumwollproduktion Israels auf die Kibbuzim[34].

Wenn heute davon die Rede ist, daß die Maschine die Mystik der Natur in der Kibbuzweltanschauung ersetzt habe[35], dann gilt dies gerade auch wegen des hohen Entwicklungsstandes der Agrartechnologie in Israel generell, aber speziell in den Kibbuzim mit ihrer fast industriell zu nennenden Landwirtschaft. Besonders hervorzuheben ist dabei die computergesteuerte Bewässerungstechnik, die meist in den Kibbuzim selbst entwickelt, systematisch angewandt und als Exportschlager vielfach vermarktet wurde. Sie bildet eine wichtige Grundlage für eine weitere Urbarmachung der Trockenzonen Israels im Negev und der Arava, wo junge Kibbuzim sich noch als Siedlungspioniere im alten Sinn betätigen – aber eben mit Hilfe von Hochtechnologie. Die Technisierung der Kibbuz-Landwirtschaften hat zudem für den regionalen Verbund von Maschinenparks und Produktverarbeitung und -vermarktung wichtige Impulse geschaffen (siehe Kapitel 7). Diese kurz skizzierten Entwicklungen der Kibbuz-Landwirtschaften sind nur erklärbar im größeren Zusammenhang der Hauptfaktoren, die auch die »industrielle Revolution« im Kibbuz vorantrieb.

---

34 Vgl. Joseph Lanir: The Kibbutz Movement, Survey and Data, 2nd ed., Yad Tabenkin Efal 1987.
35 Vgl. Melzer/Neubauer, a.a.O., S. 23.

## 4.2 Die »industrielle Revolution« im Kibbuz

*4.2.1 Ursachen*

- Hier ist zunächst zu verweisen auf eine besondere Konstellation geopolitischer und ökologischer Faktoren: da bei der Errichtung der Kibbuzim im Zuge der Besiedlung von Palästina/Israel geopolitische Gesichtspunkte stark dominierten, war die Ausstattung der Siedlungen mit natürlichen Ressourcen, vor allem Wasser und Land, häufig sehr unterschiedlich bemessen und erwies sich bei fortschreitender Entwicklung für eine dauerhafte wirtschaftliche Existenz oft als nicht ausreichend; in dieser Beziehung »benachteiligte« Kibbuzim, etwa in den Bergen von Galiläa oder in den Wüstengebieten des Negev, waren daher von vornherein auf zusätzliche Einkommensquellen angewiesen.

- Gerade am Beispiel der Baumwolle läßt sich besonders gut einerseits die hohe Flexibilität und Innovationsbereitschaft der Kibbuzim als Schrittmacher der landwirtschaftlichen Entwicklung verdeutlichen, aber auch andererseits die daraus folgenden Zwänge zur Industrialisierung. Als 1952 ein Einwanderer aus den USA erstmalig die Baumwolle ins Land brachte, gab es in ganz Israel nur wenige Landwirte, die diese Pflanze auch nur gesehen hatten. Mitte der achtziger Jahre erzeugten die Kibbuzim mit rund 75 000 Tonnen den Löwenanteil der gerade für den israelischen Export inzwischen besonders wichtigen Baumwollproduktion des Landes. Durch ständige Rationalisierung und Mechanisierung der Anbau- und Bewässerungsmethoden wurde in diesem Bereich aber eine besonders starke Steigerung der Produktivität erreicht: benötigte man 1960 noch 18 Arbeitstage für die Bearbeitung von 1 Dunam Baumwolle (= 0,1 Hektar), so waren es zu Beginn der achtziger Jahre nur noch 1,5 bis 2 Arbeitstage[36].

---

36 Vgl. Der Kibbuz im Wandel der Zeit – Entwicklung zu einem Wirtschaftsfaktor, Neue Züricher Zeitung, 16. 2. 1980, S. 5.

• Die Tendenz zur Abnahme landwirtschaftlicher Arbeitsplätze traf in den Kibbuzim zusammen mit einer genau gegenläufigen Tendenz soziologisch-demographischer Faktoren: die Kibbuzbevölkerung hatte im Laufe der Jahre insgesamt erheblich zugenommen, in den 30 Jahren nach der Staatsgründung um etwa 100 Prozent. Diese Entwicklung kam zustande zum einen durch die ständig steigende Zahl der Siedlungen, aber auch durch internes Größenwachstum der Kibbuzim: während in den dreißiger Jahren noch ca. 75 Prozent aller Kibbuzim weniger als 300 Menschen umfaßten, waren es 1987 nur noch 23 Prozent (meist Neugründungen); zwei Drittel der Kibbuzim sind inzwischen in Größenordnungen zwischen 300 und 700 Personen hineingewachsen (in den dreißiger Jahren hatten erst 18 Prozent der Siedlungen diese Größe). Der Anteil der großen und sehr großen Kibbuzim ist jedoch relativ konstant geblieben: Es gibt auch heute nur 9 Kibbuzim mit mehr als 1000 Menschen.

*Tabelle 2*

**Größenstruktur der Kibbuzim 1987**

| Bevölkerungszahl | Anzahl der Kibbuzim |
|---|---|
| 0– 199 | 41 |
| 200– 299 | 21 |
| 300– 399 | 43 |
| 400– 499 | 46 |
| 500– 599 | 41 |
| 600– 699 | 33 |
| 700– 799 | 23 |
| 800– 899 | 8 |
| 900– 999 | 3 |
| 1 000–1 500 | 9 |
| | 268[37] |

Quelle: Yad Tabenkin, Facts and Figures.

---

37 Die Gesamtzahl der Kibbuzim unterscheidet sich von der in der Kibbuz-Übersicht im Anhang dieses Buches geringfügig, weil die offizielle Kibbuz-Statistik nur Kibbuzim mit anerkanntem legalen Status erfaßt, den einige der im Anhang aufgeführten Neugründungen noch nicht innehaben.

Erst das Zusammentreffen der oben genannten Faktoren potenzierte die Gefahr latenter Arbeitslosigkeit in den Kibbuzim und zwang sie zur Schaffung neuer produktiver Arbeitsplätze. Dieser Effekt wurde verstärkt durch den natürlichen Alterungsprozeß, der je nach Gründungsalter der Siedlungen etwa von den fünfziger Jahren an einsetzte: alternde Kibbuzniks hielten zunehmend Ausschau nach Tätigkeiten, die leichter waren als ihre bisherigen in der Landwirtschaft. Da es zu den unverrückbaren Prinzipien des Kibbuz gehört, seinen Mitgliedern eine angemessene Arbeit bereitzustellen, solange sie nur arbeiten können und wollen, waren auch unter diesem Aspekt industrielle Beschäftigungsmöglichkeiten gefragt.

Dieser *demographisch bedingte Wandel der Arbeitsbedürfnisse* differenzierte sich auch *qualitativ* weiter mit dem Aufwachsen einer zweiten und dritten Generation in den Kibbuzim: ihren ausbildungs- und neigungsbedingten Präferenzen für qualifiziertere Berufe, insbesondere die »technically sophisticated jobs«, mußte entsprochen werden, wenn ihre Zufriedenheit und damit ihr dauerhafter Verbleib in den Kollektivsiedlungen gesichert werden sollte.

Ähnliches galt im Hinblick auf die Arbeitsbedürfnisse der Frauen: nachdem die hochtechnisierte Landwirtschaft immer weniger geeignete Betätigungsfelder für sie bot, wurde ein Ausgleich in einem anderen Produktionszweig um so dringlicher, als auch im Kibbuz die »typisch weiblichen« Tätigkeitsfelder in allen Service-Bereichen als weniger angesehen gelten.

Nicht zuletzt gab es auch handfeste *ökonomische Gründe* für die Industrialisierung der Kibbuzim: die Landwirtschaft ist auch in Israel ein durchschnittlich weit weniger profitables Geschäft als die Industrie – nicht zuletzt auf Grund einer entsprechenden Politik der Regierungen: die berühmte »Einkommens-Schere« zwischen Landwirtschaft und Industrie ist auch in Israel nicht unbekannt. Das ökonomische Überlebensinteresse der Kibbuzim im Wettbewerb mit ihrem wirtschaftlichen und gesellschaftlichen Umfeld ließ ihnen insofern kaum eine andere Wahl, als auch selbst den Weg zur Industrialisierung zu beschreiten.

*4.2.2 Fakten*

Das rasante Tempo, in dem sich die Kibbuz-Industrialisierung in den letzten 30 Jahren entwickelt hat, ist ein guter Indikator für unternehmerische Tatkraft und Innovationsbereitschaft wie auch interne Mobilität aller Produktionsfaktoren in den Kibbuzim. Schon allein die Tatsache ist höchst bemerkenswert, daß es den Kibbuzim gelungen ist, durch kollektive Kapitalbildung aus dem Agrarsektor heraus eine ländliche Industrie aufzubauen. Eine derart massive interne Umlagerung der Arbeitskräfte konnte wohl nur gelingen, weil im Kibbuz Beschäftigung und Lebensstandard entkoppelt sind und daher soziale Friktionen nicht wie üblich den Strukturwandel behindern.

Schon in den Anfangsjahren der Besiedlung waren Werkstätten für Reparaturen landwirtschaftlicher Geräte und die traditionellen Berufe jüdischer Arbeiter – wie Schneiderei, Tischlerei, Schlosserei – in den meisten Kibbuzim vorhanden. Der Zweite Weltkrieg, in dem das damalige Palästina als Basis für die englischen Armeen diente, führte zur Errichtung einiger Kibbuz-Fabriken, die meist landwirtschaftliche Produkte verarbeiteten. Erst ab Ende der fünfziger Jahre begann aber die eigentliche Industrie-Ära in den Kibbuzim.

Bis 1986 entstanden 416 Betriebe, davon 29 im gastronomischen Bereich. Nur etwa 15 Prozent aller Kibbuzim leben heute noch ausschließlich von der Landwirtschaft. Die Zahl der in der Industrie Beschäftigten liegt bei etwa 17 700, von denen allerdings nahezu 20 Prozent Lohnarbeiter sind (siehe unten). Die Betriebsgrößen bewegen sich zwischen 10 und 400 Beschäftigten, aber ganz überwiegend handelt es sich um Klein- und Mittelbetriebe bis zu 50 Mitarbeitern. Sie sind im allgemeinen mit modernster Technik ausgerüstet und stehen in dem Ruf, eine höchst aggressive Verkaufs- und Exportpolitik zu betreiben. Die Voraussetzungen dazu wie generell für die Anwendung moderner industrieller Planungsmethoden wurden seit 1963 systematisch geschaffen und gefördert durch die Etablierung der zentralen »Kibbutz Industry Association« als Dachverband.

Das Bild der *Branchenstruktur* der Kibbuz-Industrien stellte sich 1986 folgendermaßen dar: Metallverarbeitende Unternehmen: 89 Betriebe; Plastik- und Gummiproduktion: 87; Elektrotechnik und Elektronik: 36; Textil- und Lederverarbeitung: 24; Nahrungsmittelindustrie: 20; Möbelfabriken: 16; Druckereien: 12; Optik: 12; Chemie und Biotechnik: 21; Kunstgewerbe: 21; Bau: 16. Besonders aufschlußreich sind die Verschiebungen dieses Strukturbildes im Laufe der letzten Jahre: von den in der frühen Industrialisierungsphase dominierenden arbeitsintensiven Fertigungszweigen (in der Textil-, Holz- und Metallverarbeitung) verlagern sich neuerdings die Schwerpunkte sehr viel stärker auf die sogenannten »knowledge-intensive-industries« (Elektronik und Instrumentenbau, Plastik- und Gummiprodukte, Optik, Chemie, Computerdienste). Neben dem bereits oben kurz gekennzeichneten Wandel der Arbeitsbedürfnisse zeigt sich darin die offenkundige Fähigkeit der Kibbuzim, Wachstumsfelder ausfindig zu machen und ihr Produktionspotential auf erfolgversprechende Produkte zu lenken. *Wie* erfolgreich sie darin waren, kommt in den durchschnittlichen jährlichen Produktivitätszuwächsen von 4 bis 5 Prozent der beiden letzten Jahrzehnte zum Ausdruck wie auch in der Tatsache, daß die Kibbuz-Industrien 1986 mit 1,15 Milliarden US-Dollar 7 Prozent zur gesamten israelischen Industrieproduktion und – bei einer Exportquote von 26 Prozent – 6,2 Prozent zum israelischen Export beitrugen.

*4.2.3 Folgen*

Die historische Erfahrung mit den Wirkungen von Industrialisierungsprozessen auf sozialökonomische und kulturelle Systeme in aller Welt legt es nahe, auch die ideologische, räumliche und soziale Identität des Kibbuz durch seine fortschreitende Umstellung auf industrielle Produktionsstrukturen und -prinzipien hochgradig gefährdet zu sehen. Es ist daher interessant und über den unmittelbaren Erfahrungsbereich Israels hinaus lehrreich, die wechselseitigen Anpassungsvorgänge von Kibbuz- und Industriesystem und -prinzipien im Zuge dieses Prozesses zu vermerken, die ja darauf bedacht und geeignet sein mußten, den Erfordernissen *beider* Systeme gerecht zu werden.

Ein wesentliches Problem lag und liegt nach wie vor in der Schwierigkeit, das industrielle Produktionsvolumen mit dem *»geschlossenen Arbeitsmarkt« des Kibbuz,* also seiner eigenen personellen Kapazität, abgestimmt zu halten, da ein allein von der Dynamik des Marktes bestimmtes Kapazitätswachstum zwangsläufig die grundlegende Kibbuz-Ideologie der *selbstbestimmten Arbeit* in Frage stellen würde. Konkret heißt dies ja, daß Kibbuz-Arbeitskräfte nur aus Mitgliedern und Kandidaten zur Mitgliedschaft bestehen sollten. Die Beschränkung der tatsächlichen Größe der Arbeitsbevölkerung des Kibbuz kann aber nur so lange wirksam sein, wie die ideologische Barriere gegen die Beschäftigung von Lohnarbeitern von außerhalb nicht durchbrochen wird. Eben dies wurde aber mit Beginn der industriellen Revolution im Kibbuz seit Mitte der fünfziger Jahre fast unausweichlich, denn: »Selbst wenn im Unternehmen nur mit kleinen Kapazitäten produziert wird, benötigt man für eine Schicht mindestens 10 bis 15 Leute. Bei zwei Schichten, die üblicherweise aus Gründen der Effizienz für erforderlich gehalten werden, bedeutet dies, daß ein Unternehmen der erzeugenden Industrie etwa 15 bis 20 Prozent der einem Kibbuz durchschnittlicher Größe zur Verfügung stehenden Arbeitskräfte benötigt. Zur effizienten Produktion etwa von Sperrholz, von Plastikwaren und Nahrungsmitteln werden Anlagen benötigt, die den Einsatz von wenigstens 40 bis 50 Arbeitern pro Schicht erforderlich machen; und da stünde selbst ein Kibbuz mit einer Bevölkerungszahl von 800 unter starkem Druck, wenn er dermaßen viele Arbeitskräfte zur Verfügung stellen müßte. Daher geraten die Kibbuzim unvermeidlich in das Dilemma, entweder von einer erfolgversprechenden Industrie Abstand zu nehmen oder Lohnarbeiter zu beschäftigen...«[38]

Die allgemeine ökonomische Situation in Israel in den fünfziger und sechziger Jahren verschärfte dieses Dilemma zusätzlich; denn angesichts der Masseneinwanderung standen die Kibbuzim auch noch unter Druck von Regierung und öffentlicher Meinung, durch Aufgabe des Prinzips der Selbstarbeit zusätzliche Arbeitsplätze zu schaffen. Die Bresche im »ideologischen Zaun«, der den Kibbuz vom allgemeinen Arbeitsmarkt trennt, wurde insofern in den fünfziger und frühen sechziger Jahren zunächst unvermeidlich und wuchs sich bis auf 8 bis 9 Prozent der Kibbuz-Beschäftigten aus. Die Kibbuz-Regionalunternehmen der verarbeitenden Industrie mit einer Lohnarbeiterquote von über 50 Prozent trugen dazu den Löwenanteil bei.

Angesichts dieser drohenden Aufweichung eines der grundlegenden Kibbuz-Prinzipien wurden aber in der Folge starke Gegenkräfte zu deren Abwehr mobilisiert; sie führten insgesamt dazu, daß dieser Trend im Zaum gehalten werden konnte. Seit 1970, als bewußte Entscheidungen in den Kibbuz-Verbänden gegen die Ausdehnung der Lohnarbeit fielen, ist sogar ein rückläufiger Trend zu beobachten. Heute wird der Lohnarbeiteranteil in den Kibbuz-Industrien mit 20 Prozent angegeben, von denen allerdings die Hälfte sich wiederum auf 6 Prozent der Fabriken konzentriert, im wesentlichen größere Regionalbetriebe in der Hand mehrerer Kibbuzim. Außerdem ist der Lohnarbeiteranteil in den verschiedenen Kibbuzbewegungen – je nach Striktheit der

---

38 Haim Barkai: Der Kibbuz – ein mikrosozialistisches Experiment, S. 19–59, in: G. Heinsohn, a.a.O., S. 31.

ideologischen Ausrichtung – und Industriezweigen höchst unterschiedlich.

Dieses »Nicht-Versagen an der Beschäftigungsfront« – wie es die Kibbuzniks selbst gern nennen, wenn sie vom Ergebnis ihrer Bemühungen sprechen, die drohende Durchlöcherung des Prinzips der Selbstarbeit aufzuhalten – wurde auf verschiedenen Wegen erreicht: dazu gehören z. B. von den Kibbuzverbänden verhängte »Abgaben« auf jeden Lohnarbeiter als direktes Druckmittel ebenso wie der Verkauf einzelner industrieller »Wasserköpfe« von Kibbuzim an Außenstehende – zumindest aber deren Kapitalbeteiligung, wobei häufig die »Legalisierung« der Lohnarbeit ein wichtiges Motiv bildete.

Vor allem aber wurde die zügige Einführung von arbeitssparenden Techniken im Produktions- wie auch im Dienstleistungssektor (teilweise Umstellung der Eßsäle auf Selbstbedienungssysteme) gefördert, sowie insgesamt der oben bereits gekennzeichnete Trend zum Umsteigen von arbeitsintensiven Branchen auf »High-Technology«-Industrien. Als Ergebnis und Ausdruck dieser Entwicklung ist in der Tat eine beachtliche Reduzierung der Betriebsgrößen in den Kibbuz-Industrien zu vermerken: der Anteil von Kleinbetrieben (unter 30 Beschäftigte) hat erheblich zugenommen, von 47 Prozent 1969 auf 60 Prozent 1975, während gerade die relativ größten Kibbuzbetriebe mit über 100 Beschäftigten weiter von 11 auf 7 Prozent zurückgingen[39].

Eine weitere problematische Folge der Industrialisierung für die Kibbuzim ergibt sich aus der Vereinbarung der *Funktionsprinzipien industriellen Managements* und industrieller Fertigung mit den traditionellen Kibbuz-Werten – wie soziale Gleichheit, Selbstbestimmung, Nichtspezialisierung, berufliche Mobilität, Vermeidung materieller Lei-

---

[39] Vgl. Avinoam Meir: The Industrialization of Agriculture in the Kibbuzim: the Case of Israel, S. 259–280, in: Gyorgy Enyedi, Volgyes, I. (eds.): The Effect of Modern Agriculture on Rural Development, New York 1982, S. 264ff.

stungsanreize. Denn herkömmliche industrielle Arbeit beruht ihrem Wesen nach immer auf der Trennung von Hand- und Kopfarbeit, dispositiven und Routinetätigkeiten, erfordert größere Spezialisierung und strengere Koordination, als es die in der Landwirtschaft gewohnten formlosen Funktionsweisen den Kibbuzniks gestatteten.

Die industriellen »Sachzwänge« in Richtung größerer vertikaler Mobilität und damit beruflicher Differenzierung und Qualifizierung haben die Kibbuzim insgesamt mit einer »Ausbildungsrevolution« zu kontern und in ihrem Sinne ins Positive zu wenden versucht: von diesem exemplarischen Muster einer »Sozialinnovation à la Kibbuz« wird später noch die Rede sein (siehe Kapitel 5).

Das *Rotationsprinzip,* das einerseits die »gerechte« Verteilung von Routinearbeiten sicherstellen, andererseits die Herausbildung fester Funktionärseliten durch 3- bis 5jährigen Wechsel in den leitenden Positionen verhindern soll, läßt sich allerdings auch in den Kibbuzim leichter postulieren als praktizieren. So mögen z. B. die unmittelbaren Kosten der Rotation etwa eines Chefingenieurs von einer Produktionsanlage in eine halbjährige Arbeitsschicht in einem Eßsaal zwar den ökonomischen Kalkulator stören; als systemerhaltender Beitrag zu einer der Grundprämissen des Kibbuz-Lebens – dem der sozialen Gleichheit – können sie gleichwohl »rentabel« sein – sind aber deshalb noch lange nicht unproblematisch in der konkreten Durchsetzung! Es würde den Rahmen dieser Betrachtung sprengen, im einzelnen den unkonventionellen und flexiblen Lösungsansätzen zu dieser komplexen Problematik in der Praxis der Kibbuzim nachzugehen. Genauere empirische Analysen dazu stehen zur Verfügung[40]; sie sollten – gerade auch im Hinblick

---

40 Aus der Reihe der ›Research Papers‹ des Kibbuz-Forschungsinstituts Haifa z. B.: Nr. 8: Uri Leviatan: Organizational Effects of Managerial Turnover in Kibbutz Production Branches, Haifa (1982/1); Nr. 29; ders.: Individual effects of managerial rotation: the case of the »demoted« office holder (1980/1); Nr. 21: Manachem Rosner: The Structural Conditions of Self-Management (1982).

auf die Rotationsprogrammatik alternativer Lebens- und Organisationskonzepte bei uns – besser genutzt werden!

Sicher gibt es für die Kibbuzim kein Zurück auf dem Weg der Industrialisierung. Im Wettbewerb mit und in der israelischen Gesellschaft können und werden sie als soziales System nur überleben, soweit und weil sie sich so *effizient* wie nur möglich zu organisieren verstehen: diese Erkenntnis scheint als *eines der »Geheimnisse« des Kibbuz-Erfolges* festzustehen, *trotz* aktueller Krisenerscheinungen (siehe unten).

Es dürfte sich aber auch bereits abzeichnen, daß das Industriesystem im Zuge seiner »Einverleibung« in das Kibbuzsystem erheblich umfunktioniert worden ist: in Richtung auf das, was man heute auch als Konzept einer *»sanften« Industrialisierung* bezeichnet, gekennzeichnet als menschengemäß – arbeitsorientiert – bedarfsgerecht – sozialverträglich – umweltschonend – ressourcensparend – dezentral. Auch wenn die Praxis der Kibbuz-Industrialisierung, wie gezeigt wurde, durch keinerlei derartige Programmatik geleitet worden ist, so hat sie doch einen beachtlichen und auch beachtenswerten Beitrag zur sozialen Innovation industrieller Prozesse und Gesellschaftsstrukturen geleistet.

### 4.3 Zur ökonomischen Krise der Kibbuzim heute

Nichts hat die im ganzen positive Einschätzung des »Experiments Kibbuz« über die Wechsellagen vieler Jahrzehnte hinweg in den Augen von Wissenschaft und Öffentlichkeit wohl so sehr gefördert wie sein wirtschaftlicher Erfolg, der die Kibbuzim fast überall an der Spitze der Entwicklung in Israel marschieren ließ. Um so irritierender müssen Signale über eine Finanzkrise der Kibbuzim wirken, wie sie seit Mitte der achtziger Jahre zu vernehmen und als mögliche Anzeichen einer Trendwende deswegen hier nicht einfach zu ignorieren sind: auch wenn erfahrene Alt-Kibbuzniks einem versichern, daß sie seit jeher mit der »Krise des Kibbuz« zu

leben gelernt haben – eben weil schon immer gegolten habe, »daß der Kibbuz nicht mehr das ist was er mal war«!
Offenkundig ist, daß die gegenwärtigen Finanzprobleme vieler Kibbuzim zusammenhängen mit einer höchst krisenhaften Entwicklung der israelischen Wirtschaft allgemein, im Zeichen gewachsener innen- und außenpolitischer Spannungen in den achtziger Jahren. Insbesondere die hochinflationäre Wirtschaftspolitik der Likud-Regierungen seit Ende der siebziger Jahre, die ein ungesundes spekulatives Klima im Lande bei stagnierendem realen Wirtschaftswachstum erzeugte, hat die Kibbuzim um so härter getroffen, als ihnen seither auch innenpolitisch der Wind ins Gesicht blies. Das Herunterdrücken einer galoppierenden Inflation von 445 Prozent im Jahr 1984 auf unter 20 Prozent 1986 war nur durch drastische Verschlechterung der Reallöhne in Israel zu schaffen und ging damit auch in besonderem Maße zu Lasten der Einkommen für die »eigenarbeitenden« Kibbuzim. Der gleichzeitige starke Rückgang der Weltmarktpreise für Agrarerzeugnisse verschlechterte die Einkommenssituation der Kibbuzim zusätzlich: allein von 1981 bis 1985 verminderte sich der Wert ihrer Agrarproduktion um ein Viertel[41]. Dem standen enorm steigende Kosten gegenüber. Der Aufbau kapitalintensiver Industrien wie auch eine recht unbekümmerte Expansion der Bautätigkeit sowie fortwährende Investitionen in arbeitssparende Agrartechnologien ließen die Schuldenlasten der Kibbuzim rapide ansteigen. Mangels Informationen für die Gesamtheit der Kibbuzim können hier dazu nur beispielhaft Zahlen aus der TAKAM (dem mit 60 Prozent der Kibbuzbevölkerung größten Kibbuzverband) genannt werden[42]. Während 1981 die Zinslast der Kibbuzim noch 14 Millionen Dollar betrug, waren es 1985 bereits 1957 Millionen Dollar. In der zweiten Jahres-

---

[41] Vgl. hierzu Stanley Maron: Changes in Kibbutz Economy 1980–1985, Kibbutz Studies No. 24 (Okt. 1987), S. 5–16.
[42] Ebenda, S. 10.

hälfte 1985 lag der Realzins bei 171 Prozent, im Jahresdurchschnitt 1985 bei 100 Prozent! Die finanziellen Schwierigkeiten der Kibbuzim im Gefolge dieser Entwicklung waren allerdings keineswegs überall gleich: während 1985 19 Kibbuzim durch Zinszahlungen in Höhe von 38 Prozent ihrer Bruttoeinkommen finanziell völlig stranguliert wurden, gab es gleichzeitig 83 Kibbuzim mit einer Zinslast von nur 6,6 Prozent.

In dieser Situation war und ist es ein Gebot der gegenseitigen Hilfeleistung unter den Kibbuzim, daß die Kibbuzverbände verstärkt einen »Finanzausgleich« zwischen ärmeren und reicheren Kibbuzim in Gang setzen, schon um deren Standard nicht zu weit auseinanderdriften zu lassen: eine – anhaltende – Herausforderung an die Solidarität der Kibbuzbewegung, aber auch eine erhebliche Strapazierung des Selbstbestimmungsprinzips durch »externe Bevormundung« in den einzelnen Kibbuzim, die zum Teil erhebliche Abstriche in ihrem kollektiven Lebensstandard sowie das Einfrieren aller Investitionen in Kauf nehmen mußten, was wiederum Rückwirkungen auf ihre Attraktivität vor allem für die junge Generation hat.

Dennoch sind sich im ganzen interne wie externe Kommentatoren einig darüber, daß die gegenwärtige Finanzkrise der Kibbuzim *nicht* einen *grundsätzlichen Fehlschlag* der Wirtschaftsform Kibbuz anzeigt; eher wird sie erklärt aus einer »mangelhaften sozialen und wertorientierten Begrenzung der ökonomischen Aktivitäten des Kibbuz« und »Fehleinschätzungen der gesamtwirtschaftlichen Zusammenhänge«[43]; beantwortet wird sie vor allem mit verstärkten Anstrengungen der übergreifenden Kibbuz-Institutionen (siehe Kapitel 7), die auf eine Sanierung der Kapitalbasis der Kibbuzim hinauslaufen sollen.

Wie sehr die Kibbuzim in ihrem ökonomischen Erfolg »Ge-

---

43 Vgl. Aharon Yadlin: A re-examination of the Kibbutz System, S. 17 f. in: Kibbutz Studies, No. 26 (Mai 1988).

fangene« der besonderen politischen und wirtschaftlichen Umstände in Israel sind, zeigt sich auch gerade in dem Bereich, in dem sie bisher besonders erfolgreich auf dem Weg in die Dienstleistungsgesellschaft vorangeschritten sind: ihre renommierten 29 Gästehäuser sind in besonderem Maße Leidtragende der jüngsten Flaute des Tourismus in Israel im Gefolge der »Intifada«, dem Aufstand der Palästinenser in den besetzten Gebieten seit Dezember 1987, für den die Kibbuzbewegung wohl am wenigsten die politische Verantwortung zu tragen hat.

# 5. Exemplarische Sozialinnovationen im Kibbuz: Herausforderung durch gewandelte Arbeitsbedürfnisse

Sozialer Wandel im Mikrokosmos des Kibbuz stellt sich keineswegs nur als passive und reaktive Anpassung dar, sondern ist offensichtlich in hohem Maß aktiv gestaltete Veränderung der Verhältnisse. Die besondere innovatorische Qualität dieses Sozialsystems kann im Rahmen dieser Darstellung allenfalls exemplarisch verdeutlicht werden. Dies gelingt am ehesten im Blick auf einen Bereich, der wie kein anderer konstitutiv für den Kibbuz ist: *der menschlichen Arbeit*. Hier soll die konsequente Weiterentwicklung der Produktions- und Lebensverhältnisse des Kibbuz nach Maßgabe der gewandelten Arbeitsbedürfnisse seiner Mitglieder gezeigt werden. Die »Lösungsmuster«, die kurz skizziert werden, sind auch insofern besonders »kibbuztypisch«, als sie sich um den zugleich organischen und dynamischen Zusammenhalt der Generationen im Kibbuz bemühen. Es geht dabei zunächst um die Jungen, dann um die Alten, dann um die Indienstnahme der Neuen Technologien.

## 5.1 Exempel 1: Die »Higher-Educational-Revolution« der siebziger Jahre: Zukunftsinvestitionen in junge Kibbuzniks

Obgleich die »Erziehung zur Arbeit« – u.a. auch dank Verknüpfung von Arbeit und Lernen schon in der Schule – im Kibbuz im ganzen als dessen wichtigster pädagogischer Erfolg registriert wird, hat sich doch in den letzten 20 Jahren die junge Generation der Kibbuzniks in ihren beruflichen Wünschen sehr stark vom landwirtschaftlich geprägten Arbeitsideal ihrer Eltern entfernt. Ende der siebziger Jahre arbeiteten zwar nur 7 Prozent aus der Generation der Töchter und Söhne im Kibbuz in Berufen, die eine akademische Vorbildung erforderten – aber 56 Prozent von ihnen *wünschten* sich eine solche Ausbildung![44] Bei den Söhnen zielten diese Wünsche hauptsächlich auf den technologischen und wissenschaftlichen Arbeitsbereich, bei den Töchtern auf Arbeiten im Bereich von Kunst, Erziehung und Sozialarbeit – ein Ergebnis nicht nur entsprechender Erziehung in den Kibbuz-Schulen, sondern auch der gesamten Lebensform des Kibbuz, der mit der gemeinsamen, inzwischen durchaus hinreichenden Sicherung der primären Bedürfnisse seiner Mitglieder zugleich das Niveau ihrer individuellen Wünsche nach Befriedigung höherer Bedürfnisse steigert: nach Entwicklung ihrer schöpferischen Begabungen etwa und nach Selbstverwirklichung. Entgegen einer in der Kibbuz-Publizistik verbreiteten Meinung gibt es allerdings keine durch empirische Untersuchungen bestätigten Befunde, die den Wunsch der Töchter und Söhne nach Selbstverwirklichung individualistisch, auf der Basis von Konkurrenz und Sieg des Stärkeren, Begabteren und Besseren zu deuten erlaubte; vielmehr wird Selbstverwirklichung auch heute bewußt erstrebt »auf der Basis einer qualitativen Gleichheit, die auf die Bedürfnisse des einzelnen im Rahmen einer kollektiven Wirtschaft und Gesellschaft Rücksicht nimmt«[45].

Das Erstaunliche ist, daß diese Wünsche nach »higher education« sich in den siebziger Jahren geradezu von heute auf morgen durchgesetzt haben: die Zahl studierender Kibbuzniks hatte sich in weniger als 10 Jahren bis 1975 mehr als

---

44 Vgl. Uri Leviatan: Importance of Knowledge-Intensive Occupations for the Kibbutz Society, Haifa 1980 (1980(2), S. 3 ff.
45 Menachem Rosner/Nenni Cohen, Resümee aus: Die Zweite Generation. Der Kibbutz zwischen Kontinuität und Wandel, in: G. Heinsohn (Hrsg.), a.a.O., S. 282.

vervierfacht; 1980 hatten 25 Prozent der erwachsenen Kibbuzniks eine Ausbildung im tertiären Bereich absolviert, gegenüber 7 Prozent 15 Jahre zuvor. Die Unterschiede zwischen den einzelnen Kibbuzim sind hier sehr groß, je nach Ausbildungsniveau der Gründergeneration (die insbesondere aus europäischem und amerikanischem Milieu stammenden Kibbuzpioniere kamen in der Mehrzahl aus dem Bildungsbürgertum) und wirtschaftlicher Potenz. Generell werden heute im Durchschnitt in den Kibbuzim 7 bis 10 Prozent der Arbeitstage »Studienzwecken« gewidmet, wobei allerdings auch Studien im Rahmen beruflicher Fortbildung mitgerechnet sind, die in guter jüdischer Bildungstradition zu den »geheiligten Rechten« der Kibbuzniks zählen und als solche häufig eine wichtige Anreiz- und Belohnungsfunktion für die Übernahme spezifischer Aufgabenbereiche durch einzelne Kibbuzniks haben.

Diese »Bildungswelle« in den Kibbuzim wäre im internationalen Vergleich kaum besonders bemerkenswert, wenn sie nicht parallel liefe mit einer entsprechend forcierten Veränderung der beruflichen Arbeitsmöglichkeiten im Kibbuz, dank einer – oben bereits geschilderten – flexiblen Weiterentwicklung seines Beschäftigungssystems.

Die konsequente Ausrichtung dieses Beschäftigungssystems auf die Berufs- und Arbeitswünsche der Kibbuz-Mitglieder kommt besonders gut in einem Statement der Kibbuz-Arzi-Bewegung von 1980 zu den Zielsetzungen der Kibbuz-Industrien zum Ausdruck[46] (Übers. v. Verf.):

a) »Die Betriebsstätte ist Teil des Kibbuz-Heims, das dem Mitglied den grundlegenden Rahmen bietet für den Ausdruck seiner kreativen Fähigkeiten wie auch die Befriedigung seiner natürlichen Bedürfnisse nach Arbeit und Beschäftigung«, und:

---

46 Uri Leviatan: Higher Education in the Israeli Kibbutz: Revolution and Effect, Haifa 1982 (1982/2), S. 11.

b) »Berufliche Diversifikation: die Betriebsstätte wird so geplant, daß langfristig hochqualifizierte professionelle und administrative Arbeitsaufgaben in Übereinstimmung mit der Ausbildung, den Fähigkeiten und den Wünschen der Kibbuz-Mitglieder zur Verfügung stehen. In das Netzwerk der Arbeiten in Kibbuz und Betrieb werden anspruchsvolle berufliche Qualifikationen integriert werden.«

Änderungen der Berufsstrukturen im Kibbuz sind aber nicht nur auf dem Papier gefordert, sondern auch praktisch realisiert worden. So läßt sich seit den siebziger Jahren ein deutlich verstärkter Trend zum Ausbau »wissensintensiver« gegenüber »arbeitsintensiven« Industriebetrieben im herkömmlichen Sinne in den Kibbuzim feststellen (siehe oben Kapitel 4.2).

Allerdings ist seit etwa Mitte der achtziger Jahre angesichts des rapide gestiegenen Bedarfs vor allem an Naturwissenschaftlern, Ingenieuren und hochqualifizierten Technikern in den gewandelten industriellen Strukturen der Kibbuzim schon wieder von einem »Hinterherhinken« der Ausbildung des Kibbuz-Nachwuchses hinter den Anforderungen des Beschäftigungssystems die Rede. Es bezieht sich insbesondere auf die Herausforderungen der Neuen Technologien (von denen unter 5.3 noch die Rede sein wird). Nachholbedarf hat hier offensichtlich das Erziehungssystem des Kibbuz auf allen Ebenen, auch wenn dessen Sekundarbereich nach wie vor eine gegenüber dem Landesdurchschnitt deutlich breitere höhere Schulbildung der jungen Kibbuzniks sicherstellt. Vor dem Hintergrund der gegenwärtigen Finanzkrise der Kibbuzim wird damit aber auch deutlich, welche Gefahr für das Kibbuzsystem insgesamt das zeitweise »Einfrieren« von Zukunftsinvestitionen in seinen Nachwuchs mit sich bringen muß.

Es ist zwar eine akademische, für die »Verkraftung« der Bildungsrevolution durch den Kibbuz aber höchst bedeutsame Frage, ob die ganz erheblich gestiegenen Kosten für das

Studium junger Kibbuzniks finanziell als *Investitions- oder Konsumausgaben* zu behandeln sind – wobei natürlich im ökonomischen System des Kibbuz mangels auch rechnerischer Marktschleusen die Funktionen von »Investition« und »Konsum« besonders schwer säuberlich zu trennen sind.

Hier ist vorweg anzumerken, daß herkömmlicherweise der Erziehungsbereich im Kibbuz, unter Einschluß aller schulischen Aktivitäten, der Sphäre des *»kollektiven Konsums«* zugerechnet wird. Unübertrefflich in seiner Zuspitzung ist in diesem Zusammenhang die Bemerkung eines Alt-Kibbuzniks (in einem »Roundtable of Oldtimers« am Rande der Internationalen Konferenz über »Communal Life« in Israel 1985[47]): »Ich konnte nie verstehen, warum es als ›produktiv‹ gilt, ein Kalb aufzuziehen, während das Aufziehen eines Kindes eine Funktion des Konsums ist!« Auf die Implikationen für die Rolle der vorwiegend in diesem – nicht »produktiven« – Sektor beschäftigten Frauen wurde bereits früher hingewiesen.

Eindeutig den *Investitionen* zugerechnet werden aber die Studienkosten von Kibbuzniks im Rahmen ihrer tertiären Ausbildung. Dies ist Ausdruck des typisch mehrdimensionalen Denkens im Kibbuzsystem: »returns on investment« werden nicht allein in Abhängigkeit davon gesehen, ob der akademisch gebildete Kibbuznik auch einen seiner Qualifikation entsprechenden Arbeitsplatz im Kibbuz findet – den bereitzustellen man sich dennoch mit allen Kräften bemüht, schon weil man sonst die über ein akzeptables Maß hinaus zunehmende *externe* Beschäftigung junger Akademiker befürchten muß. Es gilt aber auch als »Ertrag«, nämlich als Beitrag zum besseren Funktionieren und zur sozialen Stabilität des Kibbuz, wenn dank höherer Bildung seiner Mitglieder ein Kibbuz »reicher« an geistigen, sozialen und künstle-

---

47 Gorni/Oved/Paz, a.a.O., S. 753.

rischen Aktivitäten und Werten wird! Und über die Vermittlung größerer Zufriedenheit am Arbeitsplatz (die empirisch erwiesen ist) stärkt die höhere berufliche Qualifikation zugleich die soziale Gemeinschaft, u.a. weil sie zum Verbleib alter und zur Anziehung neuer Kibbuz-Mitglieder beiträgt.

Hier schließt sich der Kreis zwischen den quantitativen und qualitativen Problemen der Gestaltung der Arbeitsverhältnisse im Kibbuz: nur bei *Höchst*qualifikation seiner Arbeitskräfte kann die Kibbuzwirtschaft in den *kleinen industriellen Einheiten* draußen am Markt im In- und Ausland reüssieren, wie sie das Prinzip der »Selbstarbeit« gebieterisch verlangt. Zudem gibt es eine Fülle von Ansätzen und Vorschlägen, die fortschreitende Professionalisierung wiederum als Chance zum weiteren Ausbau der Produktionsstrukturen zu nutzen: sei es durch sogenannte »interkibbuz-partnerships« im industriellen Bereich, die z.B. gemeinsame regionale Forschungs- und Entwicklungszentren der Marketing- und Werbeagenturen der Kibbuz-Industrien ermöglichen; oder auch der Aufbau kibbuzübergreifender »wissensintensiver« Dienste technischer, wirtschaftlicher und kommunikativer Art.

Die Bildungsrevolution im Kibbuz ist nicht zuletzt deswegen ein so gutes Exempel für die Innovationskraft dieses Sozialsystems, weil sie aus *individuellen menschlichen Bedürfnissen* in Gang gekommen ist: »Die Entwicklung der Hochschulausbildung in den Kibbuzim wurde stärker durch individuelle Wünsche als durch Strukturwandlungen in der Gesellschaft aufgrund technischer und marktmäßiger Notwendigkeiten oder ähnlichem in Gang gesetzt.«[48] (Übers. v. Verf.) Und diese »Wünsche« wurden nicht etwa durch Pressuregroups der Jungen umgesetzt: 88 Prozent und damit die überwiegende Mehrheit aller Kibbuzniks hat-

---

48 Leviatan, U. (1982/2), a.a.O., S. 13.

ten 1973 die Frage positiv beantwortet, ob sie eine Erweiterung der akademischen Ausbildungsmöglichkeiten und -zeiten im Rahmen der Kibbuzbewegungen wünschten: der existentielle Zusammenhalt zwischen den Generationen *funktioniert* offenkundig!

## 5.2 Exempel 2:
### Altersgerechter »Arbeitsstand« für Kibbuz-Senioren

Mit Altenproblemen sind die Kibbuzim erst in den letzten 20 Jahren konfrontiert worden – als nämlich sehr plötzlich in den »Veteran-Kibbuzim« die Gründergeneration 55 bis 60 Jahre alt wurde. Die spezielle Altersstruktur der Kibbuzim ergibt sich bekanntlich aus deren Gründung durch mehr oder weniger altersgleiche Jugendgruppen – in den Pionierzeiten wie auch bei jüngeren Neuansiedlungen. Sie ist heute bei den Veteran-Kibbuzim gekennzeichnet durch einen Anteil von 25 bis 40 Prozent Mitgliedern über 65 Jahren, getrennt durch ein »demographisches Tal« von der Generation der unter 50jährigen »Kinder« mit deren Familien. Daneben gibt es gleichwohl auch heute noch »junge« Kibbuzim, in denen das älteste Mitglied nicht über 35 Jahre alt ist, ähnlich der Situation der Veteran-Kibbuzim vor dem Zweiten Weltkrieg. Die Altersschichtung in den Kibbuzim ist also sehr extrem und unterscheidet sich stark von der der israelischen Gesellschaft als Ganzem (mit knapp 10 Prozent über 65jährigen in deren jüdischem Bevölkerungsteil und nur 3 Prozent bei den Nichtjuden)[49].

Die Probleme, vor die sich viele Kibbuzim durch das Phänomen des »sudden aging« gestellt sahen, haben zum einen dazu geführt, daß Kibbuz-Verbände wie auch Kibbuz-

---

[49] Vgl. Uri Leviatan/Z. Am-ad/G. Adar: Aging in the Kibbutz: Satisfaction with Life and its Antecedents, Haifa 1982/3; Uri Laviatan: Work and Aging in the Kibbutz, Haifa 1982/4.

Forschungsinstitute sich besonders intensiv dieser Frage angenommen haben; zum anderen haben sich in den Kibbuzim bei der Suche nach »altengerechten« Formen in allen Lebensbereichen eine Fülle praktischer Regelungen, Einrichtungen und Verfahrensweisen herausgebildet, die in vieler Hinsicht mit dazu beigetragen haben mögen, daß in Israel heute vielfach die Kibbuzim geradezu als »Altenparadiese« gelten. Soweit sich dieses Urteil überhaupt empirisch testen läßt, spricht vieles für seine Richtigkeit:

– Die *Lebenserwartung* von Kibbuz-Mitgliedern (Männer wie Frauen) ist eine der höchsten in der Welt und überstieg Ende der siebziger Jahre die allgemeine Lebenserwartung der jüdischen Bevölkerung in Israel um 3,5 Jahre: ein angesichts der harten Lebensbedingungen gerade der Siedler-Veteranen immerhin bemerkenswerter Tatbestand[50]. Die Ergebnisse aller Untersuchungen weisen darauf hin, daß der »environmental factor« im weitesten Sinne wesentlich zur hohen Lebenserwartung und -qualität im Kibbuz beiträgt: abrupte Änderungen in den verschiedenen Lebensrollen – Arbeit, Familie, soziales Umfeld, Lebensraum – bleiben dem älterwerdenden Kibbuznik erspart, die sichere Einbindung in die Gemeinschaft, sozial und ökonomisch, setzt sich fort mit allen Rechten und Pflichten; dank Gleichheitsprinzip gibt es im Kibbuz keine Minderung des Lebensstandards im Alter; im Gegenteil, z. B. neue und bessere Wohnungen werden üblicherweise nach Anciennität zugeteilt. Der am Ort konzentrierte Familienzusammenhalt ist die Regel und damit die in den Kibbuzim ganz auffällige großfamiliäre Einbindung der Alten. Hinzu kommt eine erstklassige medizinische Vorsorge und Versorgung, wie auch viele aus dem ländlichen Leben resultierenden Vorzüge, Abwesenheit von Streß, Wettbewerb etc.

---

50 Vgl. Uri Leviatan/J. Cohen/A. Jaffe-Katz: Life Expectancy of Kibbutz Members, Haifa 1983.

In vielen Kibbuzim sind mit auftretendem Bedarf spezielle »Alten-Wohnungen« für pflegebedürftige Kibbuzniks, meist in enger Anlehnung an das Gesundheits-Zentrum, gebaut worden, die einen Pflegeservice rund um die Uhr mit dem Verbleib in der Kibbuz-Gemeinschaft zu verbinden erlauben; externe Hospitalisierung wird auf diese Weise den Alten soweit irgend möglich erspart. Spezielle altengerechte kulturelle und soziale Aktivitäten sind weitere Kennzeichen der »Altenparadiese«.

- Es gibt einige neuere empirische Untersuchungen dazu, was die älteren Kibbuzniks selbst für die gewichtigsten Komponenten ihrer Lebensqualität halten und womit sie mehr oder weniger zufrieden sind[51]. Das höchst beachtliche einhellige Ergebnis: die *Arbeit* nimmt bei den älteren und alten Kibbuzniks eine noch zentralere Rolle ein als bei den jungen, und sie trägt gerade bei den Älteren am meisten zur allgemeinen Lebenszufriedenheit bei, *vor* anderen Domänen wie Familie, soziale Aktivitäten, Freizeitbeschäftigung. Es ist also wieder einmal die *Arbeit,* die auch für die Rolle der Alten im Kibbuz prägend und kennzeichnend ist – und die umgekehrt den Kibbuz vor die Herausforderung gestellt hat, »altengerechte« Arbeitsformen und -plätze zu entwickeln. Zumal im Kontrast zu den hierzulande gängigen Vor-Ruhestandsregelungen und Früh-Pensionierungs-Tendenzen wirkt dieser kibbuztypische Weg eines *altersgerechten »Arbeitsstandes«* für Senioren sicher verblüffend und verdient nähere Betrachtung.

• In der Tat ist der Kibbuz eine der ganz wenigen Produktionsgemeinschaften, in denen es *keinerlei Altersgrenzen* für die Arbeit gibt; lediglich in einigen Kibbuzim gibt es ab 70 eine Option für Nicht-Arbeit, die aber erfahrungsgemäß so gut wie nie gewählt wird. Vielmehr gilt in den Kibbuzim allgemein eine altersabhän-

---

51 Uri Leviatan: Work and Age: Centrality of Work in the Life of Older Kibbutz Members, Haifa 1980 (1980/3).

gige schrittweise Reduzierung der Arbeitszeit, die bei Frauen mit 45 und bei Männern mit 50 Jahren alle 5 Jahre eine Arbeitsstunde pro Tag ausmacht, bis herunter zu einem 4-Stunden-Tag, der bei Frauen also ab 65, bei Männern ab 70 Jahren erreicht wird. Eine Untersuchung hat aber ergeben, daß die über 65jährigen Kibbuzniks 56 Prozent mehr Arbeitsstunden leisten als es diesen formalen Normen entsprechen würde[52]: wiederum ein Indiz für die zentrale Bedeutung der Arbeit im Leben der Kibbuz-Senioren!

- Angesichts dieser eindeutigen Bedürfnissituation der älteren Menschen im Kibbuz ist es um so wichtiger, *»passende« Arbeitsplätze* für sie bereitzustellen – und hier ist man sicher erst auf dem Weg zu optimalen Lösungen, wie selbstkritisch auch von Kibbuz-Forschern verlautet[53]. So hat das Motiv der Schaffung altersgerechter Arbeitsplätze den Aufbau von Industriebetrieben generell sehr gefördert. Häufig wurde sogar bei der Wahl der Branche oder Fertigungstechnik diesem Gesichtspunkt Priorität vor solchen des wirtschaftlichen Kalküls eingeräumt. 62 Prozent der älteren Kibbuzniks arbeiten momentan in der Industrie und im Dienstleistungsbereich der Kibbuzim (ohne Erziehung), in denen sie aber nur zu 38 Prozent schon in ihren jungen Jahren tätig waren.

Der Wechsel an einen altersgerechten Arbeitsplatz bringt für den Kibbuznik grundsätzlich kaum neue Probleme, weil dank Rotationsprinzip und Förderung beruflicher Mobilität das Kibbuz-System seine Mitglieder ohnehin zu häufigerem Wechsel ermuntert und veranlaßt, so daß ein 65jähriger meist in seinem Arbeitsleben bereits 3 bis 5 verschiedene Berufe ausgeübt und noch sehr viel mehr Funktionen innegehabt hat.

---

52 U. Leviatan (1982/4), a.a.O., S. 4.
53 Ebenda, S. 8 ff.

- Die *altengerechten Arbeitsplätze* in der Industrie sind meist durch besonders günstige physische Umweltbedingungen (Klimatisierung, Lärmschutz, Komfort am Arbeitsplatz), insbesondere aber durch gute soziale (homogene Kleingruppen) und für die individuelle Disposition flexible Ausgestaltung (disponible Arbeitszeiten – auch nachts) gekennzeichnet: sie werden in dieser Richtung durchweg von den befragten Senioren gelobt.

Als Problem erkannt, aber bisher nicht gelöst ist allerdings, daß die altengerechten Arbeitsplätze mehr für die relativen *Defizite* älterer Leute – vor allem praktischer und gesundheitlicher Art – maßgeschneidert sind, als daß sie deren besonderen *Vorzügen* – Fähigkeiten und Erfahrungen im intellektuellen, emotionalen und experimentellen Bereich – entsprechen und sie nutzen.

Dies wird im Zahlenbild veranschaulicht durch die Tatsache, daß allein 87 Prozent der Kibbuzniks über 60 Jahre als ›blue collar-worker‹ arbeiten und nur 4,3 Prozent als Arbeitskoordinatoren und Administratoren. Das entsprechende Zahlenbild für die Altersgruppe der 30- bis 40jährigen: 48 Prozent zu 37 Prozent![54]

Auch wenn diese altersabhängige »Rotation weg von der Verantwortung« im positiven Sinne das Kibbuz-Prinzip dokumentiert, ehrgeizigen jungen Leuten früh die Chance zur Übernahme verantwortlicher und leitender Funktionen im Kibbuz zu geben, so ist als Kehrseite dieses Prinzips doch unübersehbar, daß es zu Frustrationen bei den Älteren führen kann. Daß in diesem Zusammenhang die häufige Abwesenheit der Jüngeren »dank« Militärdienst in Friedens- wie Kriegszeiten bisher »hilfreich« war, sei hier nur am Rande vermerkt und stellt natürlich keine Lösung des Problems dar.

---

54 Vgl. David Atar: Age Stratification in Kibbutz, Kibbutz Studies No. 24 (Okt. 1987), S. 11 ff.

Hier will man in Zukunft systematisch und praktisch weiterkommen: einerseits die Profile altengerechter Arbeitsplatzwünsche und -möglichkeiten genauer erforschen und in der Praxis ausprobieren, andererseits dafür sorgen, daß Kibbuzniks rechtzeitig – also schon in mittleren Jahren – eine Fortbildung für die technischen und administrativen Anforderungen im industriellen Bereich erfahren.

### 5.3 Exempel 3: Nutzung neuer Technologien zur Selbstverwirklichung in der Arbeit

Die Einführung und Nutzung neuer Technologien ist in den Kibbuzim bemerkenswert fortgeschritten, sowohl in der allgemeinen Lebens- und Konsumsphäre wie auch in allen Zweigen der Produktion: so dürfte der »computerisierte Kibbuz«, der in einem Bericht aus dem Jahre 1987 noch als Projektion behandelt wurde[55], wohl bereits an der Schwelle der neunziger Jahre Realität werden, zumindest was die regionale und nationale Vernetzung der Informations- und Rechensysteme über die Kibbuz-Verbände angeht (z. Zt. bestehen 12 regionale Kibbuz-Computerzentren vom oberen Galiläa bis zum Negev). Aber auch die kibbuzinternen Kommunikations- und Mediensysteme werden rapide ausgebaut: hierzu ist anzumerken, daß aufschlußreicherweise es den Kibbuzniks nicht verwehrt ist, sich private PCs anzuschaffen!

Besonders auffallend aber ist die bevorzugte und beschleunigte Einführung arbeitssparender neuer Technologien in allen Produktionsbereichen der Kibbuzim: so nutzen etwa die rund 300 Kibbuz-Industriebetriebe 60 Prozent aller Industrieroboter, die in Israel eingesetzt sind, während sie nur 6 Prozent aller Industriearbeiter beschäftigen! Auf Initiative der Verbände der Kibbuzindustrien wurde ein besonderes

---

55 Vgl. Shimon Suhr/David Mittelberg: Kibbutzim and Computers, Kibbutz Studies No. 27 (Sept. 1988), S. 38 ff.

Institut gegründet, das die Einführung dieser neuen Technologien und zugleich spezielle Formen der Beteiligung der Kibbuzmitglieder an diesem Prozeß fördern soll.

Da im Kibbuzsystem von vornherein das Motiv der Kostenreduzierung und Verdrängung der Arbeit durch den Einsatz neuer Technologien aus der Logik der Kapitalverwertung ausscheidet, stehen bei ihrer Einführung auch nicht die üblichen Hemmschwellen auf seiten der »betroffenen« Mitarbeiter im Wege. Statt dessen kann die positive Funktion der neuen Technologien als *Anreizfaktor* für die Ausgestaltung von Arbeitsplätzen um so besser zur Wirkung kommen. Mit dem eher noch steigenden Anspruch auf Selbstverwirklichung in der Arbeit bei der jüngeren Generation in den Kibbuzim, für die ja – wenn auch fernab der alten Pionierethik – die Arbeit nach wie vor einen zentralen Lebensbereich darstellt, bietet die Nutzung neuer Technologien die Chance, den qualitativen Gehalt der Arbeit gerade in den Kibbuzindustrien zu steigern und von unattraktiven Routinetätigkeiten zu entlasten. Da im Prinzip das einzelne Kibbuzmitglied seine Entscheidung für oder gegen die Arbeit in einem bestimmten Bereich – wenn auch nach Vorschlägen des Arbeitskoordinators – *freiwillig* trifft, leuchtet es unmittelbar ein, daß im Kibbuz bei Abwesenheit monetärer Anreize diese qualitativen Gründe für das Arbeiten mit neuen Technologien weit gewichtiger sind als »draußen« – wenn dies auch aus empirischen Untersuchungen nur mit Schwierigkeiten zu belegen ist[56].

Bisherige Untersuchungen über die Folgen des Einsatzes der neuen Technologien für Organisation, Arbeitsteilung und Arbeitsinhalte legen nahe, daß die gesellschaftlichen Bedingungen des Kibbuz es offensichtlich erlauben, das Potential dieser Technologien auf »menschenfreundlichere«

---

56 Vgl. Menachem Rosner: High-Tech in Kibbutz Industry. Structrual Factors and Social Implications; Michal Palgi: High-Tech in Kibbutz Industry: A Case Study, Haifa 1988.

Art zu nutzen: durch Erweiterung von Arbeitsaufgaben, Verantwortung und flexible Organisation. Der Mangel an sozialer wie formaler Distanz zwischen den verschiedenen technischen und hierarchischen Funktionen im Kibbuzbetrieb »verträgt« sich offenkundig besonders gut mit den Erfordernissen der neuen Technologien für verantwortliche und erfahrene Arbeitskräfte, während die klassischen tayloristischen Industrieprinzipien der Arbeitsteilung, -zersplitterung und -spezialisierung eher im Widerspruch zu kibbuztypischen verantwortlichen Arbeitsorganisationsformen standen. Es hat den Anschein, daß mit dem Einsatz neuer Technologien in vielen Kibbuzbetrieben etwa die durchaus erwünschte Autonomie von Teilarbeitsgruppen gestiegen ist und zugleich auch – durch den Ausgleich »körperlicher Unterlegenheit« als Beschäftigungshemmnis – zumindest die Chance gleichberechtigter Frauenarbeit in der Produktion verbessert wurde.

Daß das für die Nutzung der neuen Technologien notwendige vielseitige und hochkarätige Wissen durch das Erziehungs- und Ausbildungssystem des Kibbuz bisher noch nicht immer hinreichend vermittelt wird, wurde bereits erwähnt. Es ist aber auch nicht zu übersehen, daß die kibbuzspezifische Arbeitsorganisation und Technologienutzung eigentlich erfordert, daß der Kibbuz Wege findet, seinen draußen ausgebildeten akademischen Nachwuchs zunächst zum »Entlernen« der konventionellen Prinzipien des Industriemanagements und der Ingenieurplanung zu bringen, bevor er das System der speziellen Entscheidungs- und Arbeitsorganisation des Kibbuz zu »bedienen« vermag! Denn[57]: »... es scheint, daß selbst in diesem frühen Stadium das Bündnis zwischen Kibbuz und HighTech als wertvolles Experiment anzusehen ist, ... den Konflikt zwischen menschlichen und kommerziellen Werten zu überwinden.« (Übers. d. Verf.)

---

57 Ebenda, S. 9.

## 6. Der Kibbuz als »ökologisches Gemeinwesen«: Elemente alternativer Lebensqualität

Da für den Kibbuz als kollektive Gemeinschaft die allseitige Verflechtung sämtlicher Lebensbereiche und damit das Prinzip der Ganzheitlichkeit konstitutiv ist, lassen sich Elemente der Lebensqualität nur sehr schwer aus diesem Geflecht herauslösen. In der kritischen Sozialwissenschaft ist hierfür der Begriff des »ökologischen Gemeinwesens« geprägt worden, verstanden als »die Gesamtheit der in der menschlichen, gesellschaftlichen und natürlichen Umwelt heute und in Zukunft miteinander vernetzten Teilsysteme«[58]. In der Tat kann man den Kibbuz als spezifisch »ökologisch« orientiert bezeichnen: allerdings im Sinne eines *erweiterten* ökologischen Ansatzes, nicht im engeren biologischen Sinn, sondern als Vernetzung von menschlich-sozialer und natürlicher Mitwelt, Umwelt und Nachwelt. Es ist daher auch kein Zufall, daß die aus der Kritik des modernen Industrialismus entstandenen alternativen Denkansätze und Konzepte für einen »Ökosozialismus« in so vielen Punkten die Lebens- und Wirtschaftsform des Kibbuz geradezu herausfordern, jedenfalls zu bestätigen scheinen: »Ökosozialismus« als Etikett einer »begrifflichen Bündelung der verschiedenen Aspekte des Konzepts einer humanen und ökologisch vernünftigen Gesellschaftsordnung«[59].

---

58 Vgl. Hartmut Bossel: ›Kritische ökologische Forschung‹ als Reaktion auf die ›Etablierte Wissenschaft‹, S. 9–17, in: H. Bossel/W. Dürrschmidt (Hrsg.): Ökologische Forschung. Wege zur verantworteten Wissenschaft, Karlsruhe 1981, S. 15.
59 Vgl. J. Strasser/K. Traube: Die Zukunft des Fortschritts, Bonn 1981, S. 239.

Im Sinne dieses Ansatzes wird im folgenden versucht, aus den im »ökologischen Gemeinwesen« Kibbuz vernetzten menschlichen, sozialen und natürlichen Teilsystemen schlaglichtartig einige Elemente der Lebensqualität herauszublenden.

Die zentrale Rolle und Wertung der Arbeit im Leben der Kibbuzniks legt es nahe, ihr auch hier besonderes Augenmerk zu widmen.

## 6.1 Qualität des Arbeitslebens im Kibbuz: sinnvolle Tätigkeit für den ganzen Menschen

– »Arbeit« im Kibbuz entspricht schon in der *Abgrenzung* nicht der von der Vermarktungsfähigkeit her definierten Erwerbsarbeit. Sie ist insofern – in der marxschen Unterscheidung und Terminologie – viel eher *Tätigkeit* = »menschliches Tun im Reich der Freiheit«; denn *Arbeit* ist danach »menschliches Tun im Reich der Notwendigkeit«, unter Zwang und Not der Existenzsicherung. Der direkte »Lebensunterhalt« ist aber im Kibbuz gerade von der Arbeit abgekoppelt. Dem Wesen der Kibbuz-Arbeit am besten gerecht wird ein ökologisch orientiertes Arbeitsverständnis: »Arbeit ist Lebenssicherung und Selbstverwirklichung des Menschen durch gestaltendes Handeln im Dienste des ökologischen Gemeinwesens.« Denn: »Das Reich der Notwendigkeit und das Reich der Freiheit gehören zusammen... ihre Aufteilung... widerspricht der Ganzheitlichkeit des Menschen und ist auf Dauer inhuman...«[60]

*Welche* menschlichen Tätigkeiten dem Gemeinwesen des

---

60 Karl Friedrich Müller-Reissmann: Entwicklung der Technik – Überwindung oder Humanisierung der Arbeit? S. 97–121, in: U. E. Simonis (Hrsg.): Mehr Technik – weniger Arbeit? Plädoyers für sozial- und umweltverträgliche Technologien, Karlsruhe 1984, S. 113.

Kibbuz dienen und insofern als »Arbeit« gelten, ist schon verschiedentlich angesprochen worden: dazu gehören neben den im herkömmlichen Sinne »produktiven« Tätigkeiten (in den Produktionsbranchen) grundsätzlich auch solche in den Dienstleistungsbranchen (außerhalb des Kibbuz also »Freizeit- oder Hausfrauenpflichten«, wie Haushalt – Küche – Wäsche – Kinder); aber auch: alle Bildungstätigkeiten – wohl verstanden der »sich Bildenden« –; künstlerische Tätigkeiten (für die deshalb eine teilweise Freistellung von anderer Arbeit erfolgt); Tätigkeiten für die »Gemeinschaft« – egal ob außerhalb oder innerhalb des Kibbuz. All dies sind Beiträge zur »Lebenssicherung« des Kibbuz und ist damit »Arbeit«.

Wie hoch all diese Tätigkeiten aber auch als Beitrag zur eigenen Selbstverwirklichung von den arbeitenden Kibbuzniks eingeschätzt werden, wurde bereits ausgeführt: die Grenze zwischen Arbeitsleben und Privatleben des einzelnen ist damit fließend. Man kommt deshalb auch nicht auf die Idee, derartige »Tätigkeiten« – die allerdings im allseitigen Einverständnis so vielseitig, produktiv, selbstbestimmt wie nur möglich nicht nur gewünscht, sondern auch planmäßig ausgestaltet werden – aus dem Leben der Menschen verbannen zu wollen: Arbeit wird im Kibbuz weder als notwendiges Übel noch als Mühsal gesehen und daher weder gemieden noch auf das »unvermeidliche Maß« reduziert.

– Dies erklärt auch das besondere *zeitliche Gewicht der Arbeit* im Leben des Kibbuzniks, gewissermaßen das Maß seiner »Selbstausbeutung«: denn der Kibbuznik arbeitet *mehr* als andere!

60 Prozent der Kibbuzbevölkerung »arbeiten« – gegenüber 35 Prozent der Gesamtbevölkerung in Israel. Der normale Arbeitstag eines Kibbuznik ist 8 Stunden lang, in einer 6-Tage-Woche mit verschiedenen zusätzlichen Gemeinschaftspflichten laut Dienstplan: auch hier ist ein Vergleich mit den durchschnittlichen Arbeitszeiten in

Israel (demzufolge der Kibbuznik pro Tag etwa 1 Stunde länger arbeitet) nicht exakt, eben wegen der unterschiedlichen Abgrenzung der »Arbeit«. Entsprechend sieht die Freizeit der Kibbuzniks ganz anders aus als die eines Erwerbstätigen draußen: entlastet von fast allen Haushalts- und Familienpflichten, ist er/sie um so freier für familiäre und sonstige zwischenmenschliche Aktivitäten eigener Wahl. In dieser Zeit muß er/sie aber auch den Pflichten als Mitglied des Kibbuz, z. B. in der Generalversammlung und sonstigen Gemeinschaftsgremien, nachkommen, was »draußen« der freien Wahl des einzelnen überlassen bleibt.

- Das Gewicht der Arbeit im Leben des Kibbuzniks wird am deutlichsten aus seiner *Lebensarbeitszeit,* die sich besonders stark abhebt von dem in der industriellen Arbeitsgesellschaft allgemein üblichen Teilungsschema in vier »Lebenskästchen«: dem Ausbildungskasten am einen, dem Ruhestandskasten am anderen Ende der Lebenszeit und in der Mitte die Arbeits- und Freizeit.

Das Zeitteilungsschema in der industriellen Arbeitsgesellschaft:

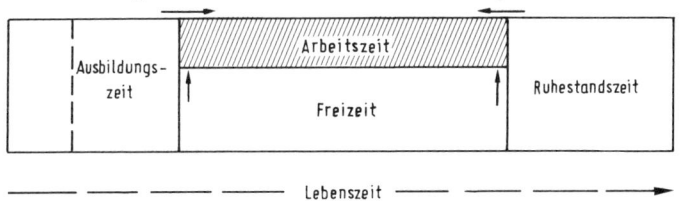

| Ausbildungs- zeit | Arbeitszeit / Freizeit | Ruhestandszeit |
|---|---|---|

⸺⸺⸺⸺⸺ Lebenszeit ⸺⸺⸺⸺⸺⟶

Alle drei »Nicht-Arbeits-Kästen« zeigen nicht nur die Tendenz, sich auszuweiten, sondern auch losgelöst vom Bezug zur Arbeitswelt ein starkes Eigengewicht im menschlichen Leben zu gewinnen: Inbegriff eines auch in dieser Hinsicht »zerteilten« Menschenschicksals im Industrialismus! Das ganzheitliche Menschenbild des Kibbuz hat dem widerstanden: Zeit-»Kästchen« gibt es im Leben des Kibbuzniks nicht, »Arbeitszeitverkürzung« in ihren

verschiedenen Dimensionen kann in den Kibbuzim kein Thema sein!
- Die »Befreiung der Arbeit«, nicht die »Befreiung von Arbeit« – das war und ist das zentrale Anliegen der Kibbuz-Bewegung und steht nach wie vor im Mittelpunkt aller Bemühungen in der Arbeitswelt des Kibbuz; sie ist mit der Industrialisierung noch stärker akzentuiert und systematisiert worden. Im weitesten Sinne geht es dabei um die Schaffung von Arbeitsbedingungen, in denen die Menschen ihre Persönlichkeit und schöpferischen Anlagen möglichst weitgehend entfalten können. Insofern zielt die Kibbuz-Version einer *»Humanisierung der Arbeit«* wesentlich weiter und breiter als deren Programmatik hierzulande. Angesichts des hohen Selbstverwirklichungs-Anspruchs der Kibbuzniks, der durch die differenziertere Bildung noch weiter gesteigert wurde, und mangels eines materiellen Anreizsystems für die Arbeitsplatzverteilung ist für das Kibbuz-System die Erweiterung und Bereicherung der Arbeitsinhalte ein prinzipieller regulierender Faktor, eine Überlebens- und Funktionsbedingung.
- Wesentliche Komponenten und Prinzipien dieser *qualitativen Arbeitsgestaltung* im Kibbuz sollen hier nochmals stichwortartig zusammengefaßt werden:
  - *Verhinderung exzessiver Arbeitsteilung:* Auch im Kibbuz herrscht selbstverständlich Arbeitsteilung – nicht jeder macht alles; aber man vermeidet nach Möglichkeit eine Arbeits-Zerteilung – auch oder gerade im industriellen Bereich –, die eine Entfaltung der Eigenart des einzelnen und seiner Fähigkeiten zu sehr behindern würde; dazu gehört auch die alte sozialistische Maxime der Überwindung der strikten Trennung von Hand- und Kopfarbeit oder konkreter heute: von planender und leitender Tätigkeit einerseits und ausführender Tätigkeit andererseits.
  - Der Kibbuz kannte ein System, das sozio-technische Reformisten »die autonome Arbeitsgruppe« nennen,

lange bevor die moderne Sozialwissenschaft es entdeckte. Arbeit im Kibbuz ist nach einem System *halbautonomer »Arbeitszweige«* organisiert, die jeder ihren gewählten Manager haben, in denen jedoch ein ständiger formeller und informaler Beratungsaustausch aller Mitglieder über auszuführende Arbeiten, zu erreichende Ziele, Organisation, Technik, Arbeitsstrukturen etc. besteht. Das auf Solidarität und sozialen Zusammenhalt in den Arbeitsgruppen basierende *Arbeitsklima* konnte im wesentlichen auch in den Industriebetrieben der Kibbuzim aufrechterhalten werden. International vergleichende Untersuchungen attestieren den Kibbuzbetrieben auf Grund eben ihrer besonderen sozialen Beziehungen ein hohes Maß formloser Mitbestimmung und funktionierender sozialer Kontrolle. Zur *Selbstbestimmung und Selbstorganisation am Arbeitsplatz* des Kibbuz in Tätigkeiten auf allen Ebenen und in allen Bereichen gehört z. B. auch soweit irgend möglich die »Zeitsouveränität« des Arbeitenden, d. h. Selbstbestimmung und Intensität, Dauer und Phasierung der Arbeit, um diese dem eigenen Lebensrhythmus anzupassen.

- Dieses System ist eng verbunden mit dem *Prinzip der Rotation* »an beiden Enden der Waage«[61]: sowohl Rotation von Posten im Management und mit hoher Verantwortung als auch Rotation bei unangenehmen, schmutzigen oder Routinearbeiten. Je mehr Kibbuzniks jemals verantwortliche Aufgaben innegehabt haben, desto verbreiteter sind Engagement und Identifizierung für das Ganze bei den Mitgliedern. Die Rotation »am unteren Ende« hingegen ist der einzige Weg, den Mitgliedern das Gefühl der Gleichberechtigung zu

---

61 Asher Maniv: Reflexionen über den Kibbuz und seine Umgebung, Kibbuz-Studien (Febr. 1988), S. 18.

geben, in der Hoffnung, daß die Technik bald diese Arbeiten ganz überflüssig macht!

Damit ergibt sich der Übergang zu einer kurzen Betrachtung von Elementen der Lebensqualität im politischen Teilsystem des Kibbuz.

## 6.2 Qualität des Gemeinschaftslebens im Kibbuz: funktionierende Basisdemokratie

– Die direkte Kibbuz-Demokratie hat sich im ganzen als *lebens- und entscheidungsfähig* erwiesen und bisher den unleugbaren Gefahren einer Degeneration – besonders angesichts fortschreitender struktureller Differenzierung des Kibbuz – widerstehen können[62]. Das demokratische Selbstvertrauen der Kibbuz-Mitglieder und ihre Bereitschaft zu verantwortlicher und solidarischer Mitentscheidung scheint ausreichend und tragfähig: dies ist nicht zuletzt ein Sieg für die Theorie der »Laien-Kompetenz« gegenüber dem technokratischen »Experten-Anspruch« in der Politik[63], aber auch ein Beweis der *Praktikabilität direkter Bürger-Partizipation und -Selbstbestimmung,* die allerdings erwiesenermaßen in politischen Entscheidungen des Kibbuz besser funktioniert als bei wirtschaftlichen Angelegenheiten. Hier werden nämlich besonders im industriellen Bereich gelegentlich Tendenzen zu exzessiver Autonomie der Betriebe gegenüber der Kibbuz-Gemeinschaft und ihren Organen vermerkt.

– Die direkte Demokratie des Kibbuz hat sich angesichts der höchst komplexen Zielstrukturen dieses Kollektivs nicht nur als hinreichend entscheidungsfähig erwiesen,

---

62 Vgl. Menachem Rosner: Participatory political and organizational Democracy and the Experience of the Israeli Kibbutz, Haifa 1981; ders.: Ist direkte Demokratie in der modernen Gesellschaft machbar? Lehren aus der Kibbuzerfahrung, in: G. Heinsohn (Hrsg.), a.a.O., S. 78 ff.
63 Vgl. J. Strasser/K. Traube, a.a.O., S. 241.

sondern sich auch (nach kibbuz-*externen* Maßstäben einer »profitablen Produktion«) *höchst effektiv* gezeigt. Die kibbuz-*interne* Effizienz hängt allerdings ab von der optimalen Abstimmung *aller* Kibbuzziele aufeinander. Dies hat sich insbesondere zu bewähren im Miteinander der Generationen, das heute die Meinungsbildungs- und Entscheidungsprozesse in fast allen Kibbuzim kennzeichnet. Der vorherrschende Geist »ideologischer Kooperation« wird von einem 86jährigen Kibbuz-Pionier wie folgt umschrieben[64]: »Was war jüdische Praxis früher? Wo zwei Juden waren, gab es drei Meinungen. Was versuchen wir? Wo fünf Juden sind, versuchen wir zu nicht mehr als zwei Meinungen zu kommen, damit zu leben und das zu maximieren, was wir gemeinsam haben. Wo es einen lebendigen Geist der Gemeinschaft gibt, kann ein Jugendlicher meine Angelegenheiten mitentscheiden, und ich die seinen.«

Die Kibbuz-Gemeinschaft scheint also in der Lage zu sein, die Bewältigung der sich ergebenden Zielkonflikte demokratisch und mit relativ geringen Reibungsverlusten zu organisieren: sie widerlegt damit die Auffassung, daß Demokratisierung immer auf Kosten der Rationalität von Entscheidungen und der Effektivität ihrer Durchsetzung gehen müsse[65]. Vielmehr könnte die Kibbuzerfahrung nahelegen, daß Demokratisierung sogar eher eine vernünftigere und effektivere, d.h. *zielgerechtere* Organisation der Gesellschaft zu schaffen vermag.

– Am Rande sei hier noch auf eine erwiesene Schwachstelle im politischen System des Kibbuz hingewiesen, die besonders kennzeichnend für die Vernetzung in diesem Gemeinwesen ist: die *Ämterscheu,* d.h. die vielfach festzustellende mangelnde Motivation zur Übernahme von Gemeinschaftsämtern im Kibbuz, soweit sie leitende Funk-

---

64 Gorni/Oved/Paz, a.a.O., S. 754.
65 Vgl. J. Strasser/K. Traube, a.a.O., S. 241.

tionen betreffen. Dieser relative *Mangel an politischen Ambitionen* scheint nach entsprechenden Untersuchungen vor allem auf einen negativen »Ertrags-Saldo« zurückzuführen zu sein: die »Gewinne« – in Gestalt von sozialem Status, Einfluß, Selbstverwirklichung – aus solchen Ämtern wiegen die »Verluste« (zusätzliche Arbeit, Belastung, Ärger) nicht auf[66]. Dies wird erst recht verständlich, wenn man die Rangfolge des Sozialprestiges der verschiedenen Rollen im Kibbuz kennt: höchstes Ansehen und Sympathie im Kibbuz genießen nämlich der »hervorragende Arbeiter« und »das loyale Mitglied«; »leitende Amtsträger« hingegen rangieren in der Wertschätzung eher im Mittelfeld und sind in der Beliebtheit die »Vorletzten« (von insgesamt sieben Positionen)[67]: wiederum ein Indiz für die überragende Bedeutung der Arbeit im gesamten sozialen Wertsystem des Kibbuz, aber zugleich auch für den sehr geringen »Machtgehalt« seiner Führungspositionen.

Wenn als letztes nach Elementen der Lebensqualität im natürlichen Lebensraum des Kibbuz gefragt werden soll, muß sozusagen als Prinzip des ökologischen Gemeinwesens noch dessen Größe bzw. relative Kleinheit und Geschlossenheit herausgestellt werden. Die Rehabilitation der »kleinen Einheit« – »small is beautiful« – als politisch hoch aktuelle Forderung nach Dezentralisierung und größerer Überschaubarkeit der Zusammenhänge in allen Lebensbereichen ist ja gerade entstanden vor dem äußerst negativen Erfahrungshintergrund mit überkonzentrierten und -zentralisierten, weiträumig vernetzten Strukturen der modernen Industriegesellschaft[68].

---

66 Menachem Rosner/A. Ovrath: Seven Years Later: change in perceptions and attitudes of Kibbutz-born adults and their causes, Haifa 1980, S. 25 f.
67 Menachem Rosner: Ist direkte Demokratie..., a.a.O., S. 98 f.
68 Vgl. J. Strasser/K. Traube, a.a.O., S. 241 ff.

## 6.3 Qualität des natürlichen Lebensraums Kibbuz: das »urbane Dorf«

Dank seines festgefügten Wertsystems ist der Kibbuz kein Opfer der immanenten Wachstumsdynamik von Industrialisierung und Modernisierung geworden: sein »geschlossener Arbeitsmarkt« hat offensichtlich verhindert, was weltweit als Agglomerations- und Urbanisierungstendenzen die Industrialisierung begleitet und nicht zuletzt die Ökologie aus dem Gleichgewicht bringt. Die gemischte agro-industrielle Struktur, wie sie sich in den Kibbuzim herausgebildet hat, vereinigt ökonomische mit ökologischen Vorzügen – auch wenn im hochtechnisierten Agrarbereich stellenweise die natürliche Umwelt doch hochgradig strapaziert wird, aber eben immer in relativ kleinem Maßstab.

Da die Erfahrungen zeigen, daß die »stadtnahen« Kibbuzim sich nicht haben halten können, scheint die räumliche Distanz zu städtischen Siedlungszentren, d. h. also ländliche Abgeschiedenheit im Sinne relativer räumlicher Abgeschlossenheit gegenüber der Außenwelt eine Überlebensbedingung des Kibbuz zu sein. Der Kibbuz als Siedlungsform ist ja in seiner internen Struktur auf *Nähe* aller zu allen und zu allem gebaut: nur etwa 30 Prozent seiner Beschäftigten haben im Durchschnitt ihren Arbeitsplatz außerhalb des unmittelbaren Siedlungskomplexes, also z. B. in etwas entfernter gelegenen Plantagen oder auch Betrieben und Schulen. Dadurch ist eine gegenseitige Nähe von Produktions- und Konsumsektor, von Arbeitswelt und Freizeitbereich gegeben, wie sie sonst nur in vorindustriellen Produktionsverhältnissen die Regel war. Der im Zentrum der Siedlung gelegene Speisesaal wird als das »sinnfälligste Symbol der kollektiven Ökologie des Kibbuz«[69] bezeichnet, zumal er

---
69 Ludwig Liegle: Der Kibbuz als integrierte Genossenschaft, S. 145–168, in: Mehrwert, Beiträge zur Kritik der Politischen Ökonomie, Nr. 19: Einfach anders leben? Ökonomie und Utopie, Osnabrück 1979, S. 156.

gleichzeitig Mittelpunkt seines politischen und kulturellen Lebens ist.

Für die Qualität gerade dieses kulturellen Lebens sei hier nur die Quintessenz einer Untersuchung der Freizeitkultur in den Kibbuzim wiedergegeben: »In einer ländlichen Umgebung hat der Kibbuz eine kulturelle Kreativität geschaffen, die mit denen in der Stadt vergleichbar ist und sie auf manchen Gebieten sogar übertrifft...«[70] Wichtig ist dabei noch die Ergänzung, daß diese Feststellung auch aufgrund der Befragung Betroffener gemacht wurde: nach ihrer Aussage – auch solcher im Kibbuz Geborener, die die Kibbuzim verlassen haben, um in der Stadt zu leben und die also aufgrund persönlicher Erfahrungen Vergleiche ziehen können – »... sind die Möglichkeiten, Bedürfnisse auf den Gebieten Kunst, Sport und Studium zu befriedigen, im Kibbuz größer als außerhalb, d.h. in der Stadt«[71]. Insofern ist der besondere Charakter des Kibbuz auch dadurch bestimmt, daß er eine ländliche Siedlung mit städtischer Freizeitkultur ist: trotz Beibehaltung des Dorfcharakters des Kibbuz ist der Kibbuznik *nicht* »verbauert«!

---

70 Ebenda, S. 158.
71 G. Heinsohn, a.a.O., S. 11.

# 7. Das Kibbuz-System in seinen übergreifenden Organisationsformen und Kooperativen

## 7.1 Die Dachorganisationen

Jeder Kibbuz gehört einer der drei Bewegungen an, die in etwa mit der Ausrichtung der ihnen entsprechenden politischen Parteien charakterisiert werden können: nahezu zwei Drittel aller Kibbuzim (166) gehören heute der TAKAM-Bewegung an, in der sich 1979 die historisch entstandenen sozialdemokratischen Kibbuzverbände zusammengeschlossen haben; ein weiteres knappes Drittel (83) der Kibbuzim gehört zur sozialistisch-orientierten Kibbuz-Arzi-Bewegung, die eng mit der linkssozialistischen Mapam-Partei liiert ist; den Rest bilden z. Zt. 19 religiös orientierte Kibbuzim, die überwiegend zur Kibbuz-Dati-Bewegung gehören, die der national-religiösen Partei nahesteht; die zwei Kibbuzim des orthodoxen Poale Agudat Israel brauchen in diesem Zusammenhang nicht gesondert behandelt zu werden.

Die Vielfalt der historischen Wurzeln und Entwicklungen, aus denen dieses heutige Bild des Kibbuz-Systems entstanden ist, kann hier auch deswegen ausgespart bleiben, weil sie für die bereits im Kibbuz geborenen und aufgewachsenen Mitglieder heute kaum noch prägend ist – sehr im Unterschied zur Generation der Kibbuzveteranen.

Besonders der Wandel des innenpolitischen Klimas in Israel seit 1977, als erstmalig in der Geschichte des Landes der rechtskonservative Likkud-Block die Regierung übernahm, hat die Kibbuzim in die Defensive gedrängt und damit zugleich näher zusammenrücken lassen, zumal dies – wie weiter oben bereits ausgeführt wurde – auch durch akute Krisenerscheinungen erzwungen wurde, und zudem die gewandelten Orientierungen im politischen Pluralismus des heutigen Israel ohnehin häufig *quer* zu den herkömmlichen Parteistrukturen liegen – etwa in der Frage der besetzten Gebiete, der Siedlungsaktivitäten und des Palästinenserproblems.

Um diese übergreifende Struktur des Kibbuz-Systems aber richtig zu verstehen, dürfen die Kibbuz-Verbände eben nicht etwa nur als Dachorganisationen mißverstanden werden, in denen sich isoliert zu sehende Kibbuzim zum Zwekke bestimmter Dienstleistungen zusammengeschlossen haben; vielmehr sind die Kibbuzim als Teile und Produkte bestimmter sozialer und politischer Bewegungen zu sehen, mit denen sie in vielfältiger Weise verknüpft sind und die eine wesentliche »Pufferfunktion« wahrnehmen in der Abfederung des Zusammenstoßes zwischen der kollektiven Lebens- und Wirtschaftsform der Kibbuzim und der sie umgebenden kapitalistischen Gesellschaft Israels[72]. Um sich inmitten der sie umgebenden zunehmenden Entwicklungsdynamik sozialer, wirtschaftlicher und politischer Prozesse als kleine und eigenbestimmte Gemeinwesen überhaupt behaupten zu können (immerhin waren ja 1987 nahezu vier Fünftel aller Kibbuzim nur zwischen 200 und 800 Menschen »klein«!), müssen die Kibbuzim ihr Heil in einer zunehmenden Vernetzung und Kooperation suchen – auch zur gegenseitigen Hilfestellung, die ja eine der tragenden Säulen ihres kommunitären Wertesystems darstellt.

Das Schaubild auf S. 113 zeigt die vielfältigen Verknüpfungen des einzelnen Kibbuz mit dem übergreifenden Kibbuz-System:

---

[72] Vgl. Bernd Biervet/Beate Finis: Zur Bestandsicherung des Kibbuz als relativ autonomes, offenes Sozialsystem in einer kapitalistischen Systemumwelt, S. 1–19, Archiv für öffentliche und freigemeinnützige Unternehmen, Bd. 14, 1985.

- auf der Ebene einer der drei Bewegungen und ihrer Einrichtungen,
- auf der Ebene der gemeinsamen Dachorganisation (Kibbuz-Föderation), die im wesentlichen die Außenvertretung der Kibbuzbewegungen wahrnimmt,
- durch die Einbettung in das politische System über die Gewerkschaften (Histadrut) und
- über die Parteien – je nach politischer Ausrichtung.

Die Mittel der übergreifenden Kibbuzorganisationen werden im Umlageverfahren durch die Kibbuzim zur Verfügung gestellt; dies gilt sowohl für deren finanzielle wie auch personelle Ausstattung.

Die folgende »Funktionenliste« gibt einen Überblick über die wesentlichen Aufgaben der Dachorganisationen[73]:

- Hilfestellung bei Neugründung von Kibbuzim; Verteilung eintrittswilliger neuer Mitglieder;
- Beratung und Betreuung einzelner Kibbuzim in allen Bereichen;
- Kennziffern/Normen für die Erstellung von Jahresplänen in den Kibbuzim (Einnahmen-/Ausgabenrechnung, Berechnung der Arbeitstage);
- (Modell-)Budget-Angelegenheiten, z.B. im Konsumbereich (Entscheidungen über in den Kibbuzim angebotene ›freie‹ Güter, ausgehend vom Bedürfniskonzept);
- Wahrnehmung von zentralen Einkaufs-/Verkaufsfunktionen durch z.T. rechtlich selbständige Genossenschaften;
- ›Finanzausgleich‹ zwischen wohlhabenderen und finanziell weniger starken Kibbuzim durch den Fonds für gegenseitige Hilfe; Kreditvermittlung;

---

[73] Ebenda, S. 11.

– Forschung und Entwicklung, größere Investitionsvorhaben;

– politische, rechtliche, kulturelle sowie ideologische ›Türhüter-Funktionen‹ (z. B. bei Schwierigkeiten mit den Regionalunternehmen, juristischen Konflikten zwischen Kibbuzim u. ä.).

## 7.2 Die Regionalunternehmen

Regionale Gemeinschaftsunternehmen der Kibbuzim haben eine lange Tradition; sie ermöglichen sowohl die Verarbeitung ihrer landwirtschaftlichen Erzeugnisse in ökonomischer Größenordnung wie auch die Nutzung industrieller Fertigungstechnologien und aufwendiger Landmaschinenparks. Sie stellen aber auch in ihrer sich verselbständigenden wirtschaftlichen Entwicklungsdynamik seit eh und je eine Herausforderung für die Kibbuzprinzipien dar, insbesondere durch das Überhandnehmen von Lohnarbeit, und damit die Verletzung des Selbstarbeitprinzips (siehe oben), aber auch durch die fast notorische Tendenz, ihrer Serviceorientierung für die Kibbuzim zugunsten stärkerer Kommerzialisierung zu »verfälschen«. So wird etwa von dem Beispiel berichtet, daß verschiedentlich ursprünglich für die Landwirtschaften mehrerer Kibbuzim gegründete Abteilungen für Erdbewegungsarbeiten in Regionalunternehmen sich am freien Markt als profitorientierte Teilunternehmen verselbständigten und damit als verläßliche Dienstleister für die Kibbuzim bei Bedarf ausfielen. Daß andererseits finanzielle Schwierigkeiten den Kibbuzim die Beachtung von »economies of scale« schlicht aufzwingen, kann auch nicht übersehen werden. So wird z. B. neuerdings das Prinzip der »Rationalisierung durch Regionalisierung« auch bei konsumorientierten Dienstleistungen praktiziert; denn natürlich läßt sich etwa ein Wäschereibetrieb für mehrere Kibbuzim im Großmaßstab rationeller führen – und es gibt auch

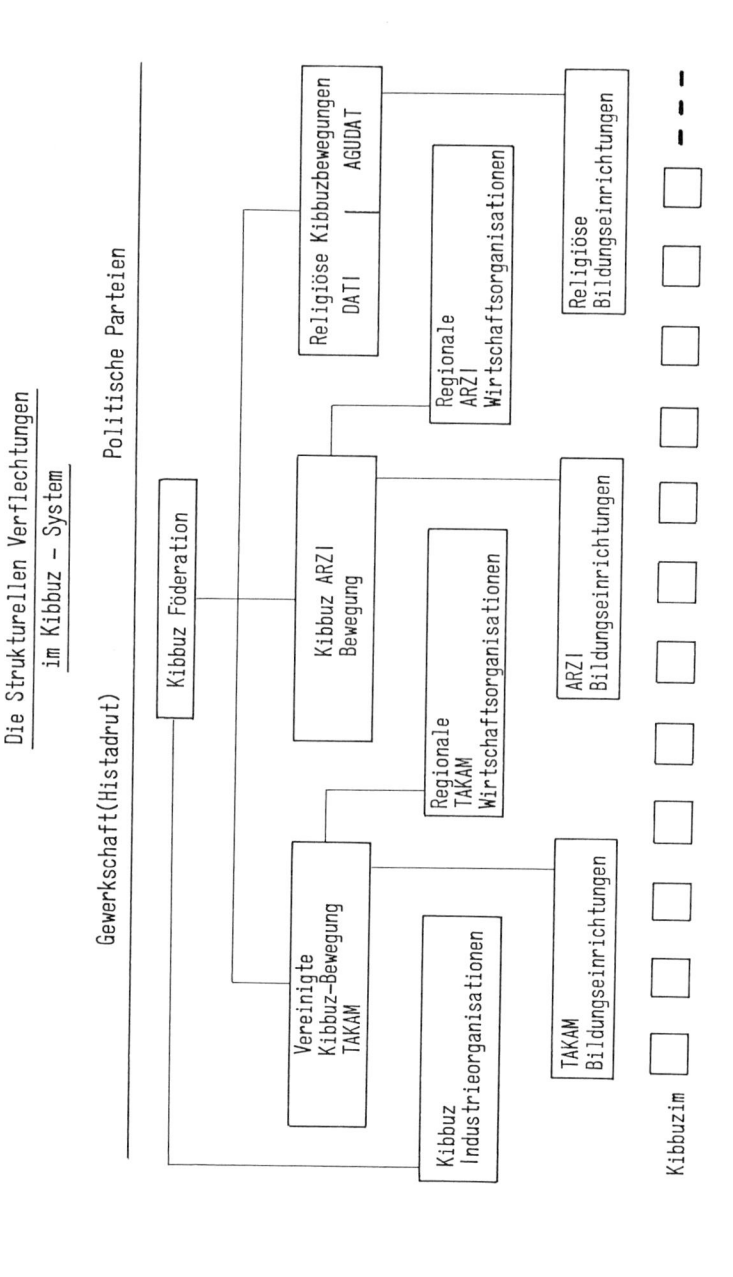

## Die Strukturellen Verflechtungen im Kibbuz – System

Gewerkschaft(Histadrut)　　　　　Politische Parteien

- Kibbuz Föderation
  - Vereinigte Kibbuz-Bewegung TAKAM
    - Kibbuz Industrieorganisationen
    - Regionale TAKAM Wirtschaftsorganisationen
    - TAKAM Bildungseinrichtungen
  - Kibbuz ARZI Bewegung
    - Regionale ARZI Wirtschaftsorganisationen
    - ARZI Bildungseinrichtungen
  - Religiöse Kibbuzbewegungen DATI | AGUDAT
    - Religiöse Bildungseinrichtungen

Kibbuzim

113

bereits Überlegungen zu regionalen Großküchen. Daß regionale Kooperation damit aber zugleich auch tief eingreifen kann in die Lebens- und Arbeitswelt des einzelnen Kibbuz und seine kollektive Konsumgemeinschaft, dürfte offenkundig sein – so daß verständlich wird, warum in der internen Diskussion in den Kibbuzbewegungen die Regionalunternehmen häufig die Gemüter so heftig bewegen, und sogar gelegentlich »eher ein Fluch als ein Segen« genannt werden[74].

---

74 The Kibbutz of Tomorrow: A Hybrid Creature. From Israel Bitman's Reply to Yehuda Harel, Kibbutz Currents, Aug. 1988, No. 2, S. 7.

# 8. Die Kibbuzim in der Gesellschaft Israels heute

## 8.1 »Ständige Herausforderung« als Prinzip

In Wandel und Kontinuität des Kibbuz über die Jahrzehnte ist seine Auseinandersetzung mit den ständigen Herausforderungen seines gesellschaftlichen Umfeldes sichtbar geworden; wie gezeigt wurde, haben sich die Kibbuzim im ganzen in diesem Prozeß zu behaupten und zu konsolidieren vermocht, dank der Bewahrung ihrer ideologischen und generativen Identität. Allerdings scheint der Anpassungsdruck auf die Kibbuzim von außen in jüngster Zeit fast übermächtig zu werden. Gravierende Finanz- und Wirtschaftsprobleme, Mitgliederstagnation, wachsender Wertepluralismus können und werden in der Tat als Symptome einer Anpassungskrise der Kibbuzim gedeutet, ja sogar zum Anlaß genommen, die Frage nach ihrer Überlebenschance über die Jahrtausendwende hinaus zu stellen. Wie wenig dies allerdings konkret dem Lebensgefühl und Zukunftsbild der Kibbuzniks selbst entspricht, kommt u. a. auch in Jakob Michaelis »HASOREA-Portrait« zum Ausdruck, das dieser Arbeit vorangestellt ist.

Immerhin zeigt aber eine, bisher im wesentlichen intern geführte, Diskussion in der Kibbuzbewegung unter dem Stichwort »der Neue Kibbuz«[75], daß ein *Anpassungsdefizit*

---

75 Vgl. die Diskussionen des Jahres 1988 in den ›Kibbutz Studies‹ des Yad Tabenkin und in den ›Kibbutz Currents‹ der Kibbuz-Föderation.

der Kibbuzim gegenüber der Außenwelt als Krisenursache konstatiert und weitreichende Maßnahmen zu seiner Überwindung erwogen werden. Diese zielen vor allem auf die Aufgabe herkömmlicher Kibbuzpositionen und -funktionen aus der Tradition des zionistischen Sozialismus, aber auch die ungehemmtere Imitation von Konsum- und Karrieremustern der zunehmend am »american way of life« orientierten modernen Industriegesellschaft Israels. Sie reichen bis hin zu Vorschlägen der Schaffung städtischer »Mega«-Kibbuzim, unter Reduzierung und Konzentration der Kibbuzfunktionen auf die Bildung humaner und sozialer Lebensgemeinschaften, die sich bewußt als Alternative zum konkurrenzbestimmten Leben in der kapitalistischen Umwelt verstehen[76]. Auch wenn hier diese Diskussion inhaltlich nicht weiter verfolgt werden kann, so ist sie doch zumindest als Symptom für die von außen auf die Kibbuzim einwirkenden Verbürgerlichungs- und Entideologisierungstendenzen erwähnenswert.

Dennoch darf nicht übersehen werden, daß umgekehrt für die Kibbuzideologie gerade ein stark *missionarisches* Element konstitutiv ist, das sich aber durch und durch zionistisch versteht, d.h. auf die nationalen Belange des jüdischen Volkes im Staate Israel gerichtet ist. Ganz im Unterschied zu anderen utopischen Gemeinschaften versteht sich nämlich der Kibbuz seinerseits als vitale Herausforderung an die israelische und jüdische Gesellschaft, und dies gleich in mehrfacher Beziehung[77]:

- als »Leader« – d.h. als Pionier den Weg zu weisen für soziale und nationale Ziele und deren Realisierung;

- als »Modell« – Vorbild für alle Israelis in den verschie-

---

76 Vgl. hierzu auch Werner Fölling: Zur Geschichte des Kibbuz, S. 77–113, in: W. Fölling/J. Haase: Kibbuz-Leitfaden, Deutsch-Israelischer Arbeitskreis für Frieden im Nahe Osten e. V., Schriften Bd. 14, Berlin 1987, S. 111 f.
77 Vgl. Uri Leviatan: The Kibbutz and Society in the Eyes of the Israeli Public 1976–1981, Haifa 1982/5, S. 3.

densten Lebensbereichen, wenn auch nicht als ganzheitliche Lebensform;
- als »Center of attraction« – d. h. zur Anziehung derjenigen Menschen aus der israelischen Gesellschaft, die bereit sind, sich mit dem »kibbuz way of life« zu identifizieren.

### 8.2 Verlust alter und Aufbau neuer Führungsfunktionen im Zeichen des Zionismus

Auf die entscheidende Mitwirkung der Kibbuzim im Rahmen der jüdischen Arbeiterbewegung und -parteien beim Aufbau des jüdisch-israelischen Gemeinwesens ist bereits hingewiesen worden. Um so radikaler ist der Wandel der politischen Situation heute: da von 1933 bis 1977 der Linkszionismus die beherrschende Kraft sowohl in der Jewish Agency als auch später in der Regierung Israels war, fielen den Kibbuzim als Teil (und »Speerspitze«, wie sie sich selber sehen) dieser politischen Bewegung ganz automatisch wichtige Führungsfunktionen zu. Dies wird z. B. deutlich aus ihrer weit überproportionalen Teilhabe an den politischen Führungsgremien in der Vergangenheit: bis 1969 schwankte der Anteil von Kibbuzmitgliedern in der Knesset zwischen 18 und 25; sie stellten damit in dieser Zeit zwischen 15 und 20 Prozent der 120 Knesset-Mitglieder (allerdings bei gegebener Dominanz der Arbeiterparteien). In der israelischen Regierung stellten sie in diesem Zeitraum durchschnittlich 6 bis 7 – und damit sogar bis zu 40 Prozent – von 16 Kabinettsmitgliedern[78].

Um so deutlicher wird der Verlust politischer Führungspositionen der Kibbuzim nach der »Wende« 1977 zu rechtskonservativen Regierungsmehrheiten in Israel, die auch mit

---

78 Aharon Yadlin: Political and Ideological Trends in the Kibbutz Movement in Israel, S. 81–90, in: Gorni/Oved/Paz (ed.), a.a.O., S. 88.

der Bildung großer Koalitionen unter Einschluß der Arbeitspartei nach 1984 anhielt. In die Knesset gewählt wurden 1984 noch ganze 8 (1988: 5) Kibbuzmitglieder (was einem Anteil von 6,7 Prozent entspricht), in der Regierung gab es ein einziges Kibbuzmitglied (1988: 2). Auch wenn damit in Relation zur Demographie (bekanntlich leben heute nur 3,7 Prozent der jüdischen Israelis in Kibbuzim) immer noch ein überproportionaler Einfluß der Kibbuzniks gegeben ist, so ist doch ihr schwindendes Gewicht im politischen Establishment des Staates Israel unübersehbar.

Dennoch ist andererseits in den vergangenen 10 Jahren auch eine zunehmende Aktivierung und Präsenz der Kibbuzim in der Politik Israels feststellbar, die sich aber eher in ihrer Rolle als Opposition und Wortführer für Protestbewegungen des »anderen Israel« im Lande äußert, auf die eingangs schon hingewiesen wurde. Als beispielhaft hierfür zu nennen ist ihre (abstinente) Haltung in der Siedlungspolitik in den besetzten Gebieten, wo nur die TAKAM im Rahmen des von ihr unterstützten »Allon-Plans« in verteidigungspolitisch wichtigen Grenzzonen – vor allem in der Jordansenke – gesiedelt hat.

Noch deutlicher wurde das oppositionelle Engagement der Kibbuzim während des Libanonkriegs – sowohl in persönlichen Verweigerungsaktionen von Kibbuz-Soldaten als auch in ihrer massiven Unterstützung der »Peace-Now«-Bewegung. In diesem Zusammenhang spricht in jüngster Zeit auch eine offizielle Stellungnahme des Generalsekretärs von TAKAM, Aharon Yadlin, zur »Intifada«, dem Aufstand der Palästinenser in den besetzten Gebieten seit Dezember 1987, für sich, in der es u. a. wörtlich heißt[79]:

»... der Aufstand der Palästinenser ist die Quittung für eine unerträgliche Situation. Das Sekretariat von TAKAM hat seine tiefe Besorgnis über die fortwährende Ausbeutung der

---

79 Aharon Yadlin: The Territories – A Broad Consensus, Kibbutz Studies No. 26, Mai 1988, S. 4.

palästinensischen Bevölkerung zum Ausdruck gebracht. Wir fordern, daß die israelische Herrschaft über die Bevölkerung von Gaza, Judäa und Samaria beendet wird. Wir unterstützen außerdem jede Bemühung, Friedensverhandlungen mit Jordanien und den Palästinensern zu führen, unter Gewährleistung sowohl eines demokratischen jüdischen Staates in sicheren und verteidigungsfähigen Grenzen als auch der Rechte der Palästinenser...« (Übers. v. Verf.)

Es zeigt sich, daß womöglich die Frage, ob der Kibbuz denn *ohne seine zionistische Mission* denkbar und überlebensfähig ist, insofern falsch gestellt ist, als diese von den Kibbuzniks immer nur im Sinne eines humanistisch geprägten, nicht rassistischen Zionismus gesehen wird, der auf eine friedliche Nachbarschaft der Juden mit den Arabern aufbaut, wie es der Gründungsidee des Staates Israel entspricht. So gewendet bekommt dann auch das immer noch zentrale Bekenntnis vor allem der Alt-Kibbuzniks zur zionistischen Mission heute einen tieferen Sinn, das einer von ihnen in die Worte faßte[80]: »Zionist realization and the very existence of the State of Israel are dependent on the kibbuz and will be even more so in future.« (»Die Realisierung des Zionismus und die Existenz des Staates Israel als solche sind vom Kibbuz abhängig und werden es in Zukunft sogar noch mehr sein«, Übers. v. Verf.) Aus dieser Sicht wird auch eher erklärbar, warum es nach wie vor keine *arabischen* Kibbuzmitglieder gibt und bis auf weiteres wohl auch nicht geben wird.

Noch an einer anderen »Front« macht die Kibbuzbewegung neuerdings mobil gegen die konservativ-religiöse Politik im Lande: auf dem Gebiet der Wirtschafts- und Sozialpolitik, die seit 1977 auf den Spuren von »Reaganomics« und »Thatcherismus« zu neokonservativen Konzepten umgeschwenkt ist. Mit dem Abbau öffentlicher Leistungen, insbesondere im Erziehungs- und Gesundheitswesen Is-

---

[80] Gorni/Oved/Paz (ed.), a.a.O., S. 736.

raels, und der Anheizung eines zeitweise hochinflationären privaten Konsumgüterbooms hat sie nicht nur zu den wirtschaftlichen Schwierigkeiten der Kibbuzim wesentlich beigetragen; diese sahen sich darüber hinaus veranlaßt, gemeinsam mit den Gewerkschaften konzeptionell auf diesem Feld eine Gegenoffensive in Wissenschaft und Öffentlichkeit zu starten[81].

### 8.3 Modellfunktion durch Wertepluralismus: eine neue Pionierrolle?

Martin Buber hat das »seinem Wesen nach Vorbildliche« des Kibbuz darin zum Ausdruck gebracht, daß »der Kibbuz sich – wenn auch nicht explicit, so doch implicit – als Zelle einer restrukturierten Gesellschaft versteht«[82]. Deswegen kann der Kibbuz der Kontroverse mit dem Pragmatismus der ihn umgebenden kapitalistischen Gesellschaft eben nicht durch Isolation von dieser ausweichen, weil ja gerade Wertewandel und -pluralismus in diesem Umfeld in seine eigene Bemühung um wertorientierte Gemeinschaftsbildung eingehen.

Die aktive Vorbildrolle des Kibbuz bringt es automatisch mit sich, daß der Kibbuz nie ein Lieblingskind der kapitalistischen Gesellschaft Israels war und sein wird – einer Gesellschaft, die auf Privateigentum basiert und die auf Ungleichheit, Privilegien, Wettbewerb und Amerikanisierung setzt[83]:

»Der Kibbuz ist ein Dorn im Fleische der Gesellschaft – der Arbeiter, der Sozialisten, und vor allem der Antisozialisten, der Rassisten, der Chauvinisten, der Militant-Religiösen« –,

---

81 Vgl. Dan Karmon: Economic and Social Policy in Israel, Kibbutz Studies No. 25 (Febr. 1988), S. 11 ff.
82 Martin Buber, a.a.O., S. 229.
83 Gorni/Oved/Paz (ed.), a.a.O., S. 735.

diagnostiziert der greise Alt-Kibbuznik Yitzhak Ben-Aharon (früher Generalsekretär der Histadrut, Mitglied der Knesset und des Kabinetts).

Die bereits konstatierte Entwicklung in den Kibbuzim, die auch beschrieben wird als »graduelle Entwicklung vom politischen Kollektivismus zu einem eher heterogen-demokratischen Pluralismus«, spiegelt sich insbesondere in manchen jungen Kibbuzim wider. Auf der Suche nach spiritueller Gemeinschaft versuchen in ihnen zumeist Kibbuzgeborene der dritten Generation, in ihrer Wertorientierung ihre ureigenste »Pionierrolle« zu realisieren. Im Unterschied zu jungen »Alternativen« und »Kommunarden« in anderen westlichen Industriegesellschaften können sie in Israel nach 80 Jahren Kibbuz-Erfahrungen auf gefestigte kommunitäre Traditionen, Infrastrukturen sowie gesellschaftliche Akzeptanz bauen; außerdem auch ganz konkret auf die aktive Hilfe gleichgesinnter, erfahrener Kibbuzniks der älteren Generation, die häufig den Jungen für ein Jahr als »veteran kibbutzniks in residence« beim Aufbau neuer Siedlungen zur Seite stehen. Unter den bereits früher kurz erwähnten Beispielen unterschiedlich orientierter junger Kibbuzim soll hier noch besonders die Zunahme religiöser Orientierungen und Formen in den Kibbuzim beachtet werden, in denen sich zugleich gegenwärtiger Zeitgeist und gesellschaftliche Tendenzen in Israel spiegeln.

## 8.4 Kibbuz-Judaismus: Renaissance der Tradition

Die Entwicklung insbesondere in den letzten zwei Jahrzehnten der »Normalisierung« seit dem 6-Tage-Krieg läßt in den Kibbuzim eine verstärkte Rückbesinnung auf die Wurzeln jüdischer Tradition erkennen; deren im engeren Sinne »religiöse« oder aber allgemein »kulturelle« Qualität wird zwar als Kernfrage jüdischen Selbstverständnisses in Israel seit eh und je heiß umstritten (»Who is a Jew«?), muß aber im hier gegebenen Zusammenhang übergangen werden. Höchste Beachtung hingegen verdient die Beobachtung, daß das Gemeinschaftsleben in den Kibbuzim heute in einem Maße von jüdischen Bräuchen, Symbolen, Feiertagen etc. geprägt und bestimmt ist, wie es die »Visionäre der neuen Gesellschaft« der Gründergeneration gerade hatten überwinden wollen – und dies nicht etwa nur in den 19 Kibbuzim der religiösen Flügelverbände des »Kibbuz Dati« und der »Poale Agudat Israel«, sondern eben auch in der Masse der »säkularen« Kibbuzim. Ein besonders deutliches Symptom dieser Entwicklung: in immer mehr Kibbuzim werden heute Synagogen errichtet![84]

Die religiöse Kibbuz-Bewegung als solche ist nur wenig jünger als die säkulare: zehn der siebzehn Kibbuzim des »Kibbuz Dati« wurden schon vor 40 bis 50 Jahren gegründet. Strukturell unterscheiden sie sich kaum von den sozialistischen Kibbuzim; ihre Wertegemeinschaft gründete sich aber von Anfang an explizit auf die jüdische Religion, die in allen Spielarten von der Orthodoxie bis (vor allem in jungen Kibbuzim) zum Reform-Judentum praktiziert wird. Ihre hervorstechendste Unterscheidung zu den säkularen Kibbuzim ist die strikte Einhaltung des Shabbat und der jüdischen Speisegesetze sowie die religiöse Kindererziehung, außerdem – logischerweise – die strikte Ablehnung aller marxistischen Sozialismuskonzepte, insbesondere des Historischen Materialismus[85]. Auch wenn die 19 religiösen Kibbuzim zahlenmäßig kein großes Gewicht haben, so ist ihre volle Integration in die heutige Kibbuz-Bewegung, etwa im Rahmen der Kibbuz-Föderation, doch besonders wichtig, gerade für deren Entwicklung zu einem größeren Wertepluralismus.

---

84 Vgl. Shalom Lilker: Kibbutz Judaism – A New Tradition in the Making, New York/London 1982.
85 Yaakov Zur: The Religious Kibbutz Movement – The Ideal and the Reality, S. 117–123, in: Gorni/Oved/Paz (ed.), a.a.O.

In diesem Zusammenhang ist z. B. als symptomatisches Detail bemerkenswert, daß ein Mann wie Shalom Lilker, als Reform-Rabbiner seit langem Mitglied eines religiösen Kibbuz in der Nähe von Haifa, Autor des bereits zitierten Buches über »Kibbutz Judaismus«, neuerdings auch Herausgeber der einzigen englischsprachigen Zeitschrift der Kibbuz-Föderation (»Kibbutz Currents«) ist, die sich als *das* kulturelle, literarische und politische Forum der Kibbuz-Gesellschaft versteht. Er fungierte auch als »Gründungshelfer« bei einem der jungen Kibbuzim, Lotan, der 1984 (nach Yahel) als zweiter Kibbuz der reform-jüdischen Bewegung (einer in den USA entstandenen modernen jüdischen Religionsgemeinschaft) von 19 jungen Israelis gegründet wurde; dies geschah in einer bewußt an die Bräuche und Riten der altjüdischen »Essener-Sekte« anknüpfenden Zeremonie, wie sie durch die berühmten, in Quumram am Toten Meer aufgefundenen 2000jährigen Schriftrollen überliefert sind[86].

In dieser Rückbesinnung auf die Wurzeln und die Neubelebung spezifisch jüdischer Gemeinschaftsformen entspricht die zweite und erst recht die dritte Generation der Kibbuzniks sicherlich auch den Zeichen der Zeit in den gesellschaftlichen und geistigen Strömungen Israels und der Nahost-Region generell, die immer stärker religiösen Kategorien – Fundamentalismus, Radikalisierung, Orthodoxie – folgen.

Martin Buber hat sich zeitlebens vehement mit der Lebens- und Gemeinschaftsform der Kibbuzim identifiziert – auch wenn er sich ihr nie leibhaftig eingefügt hat, wie sonst fast alle geistigen und politischen Führungspersönlichkeiten Israels in den Gründungs- und Aufbaujahren. Im hier skizzierten Zusammenhang ist es aber besonders bemerkenswert, daß für Buber der Kibbuz gerade nicht die »Alternative« im Sinne des Bruchs mit der Tradition repräsentierte,

---

[86] Shalom Lilker: The Ceremony of Becoming a Member of Kibbutz Lotan, Kibbutz Currents, No. 2, Aug. 1988, S. 53.

sondern beste »Kontinuität« im Sinne sozial kreativen Judentums. Gerade in den neueren Entwicklungen dokumentiert sich sehr greifbar, daß die »humanistische Theologie« des Kibbuz eben *nicht als Antithese zum Theismus, sondern zum Materialismus* zu verstehen ist[87]. Insofern demonstriert der »Kibbuz-Judaismus« auch eine eigene Brückenfunktion zwischen den Spannungspolen von Tradition und Fortschritt in der modernen Industriegesellschaft generell, die im heutigen Israel so besonders konfliktträchtig auseinanderzuklaffen drohen.

### 8.5 Wie attraktiv sind die Kibbuzim für die heutigen Israelis?

Greifbarste Herausforderung der Kibbuzim als offenes soziales System ist und bleibt ihre »Attraktivität« für die heutigen Israelis: ablesbar an deren Bekundungen von Sympathie, Interesse oder Hochachtung für die Kibbuzim – bis hin zur »Abstimmung mit den Füßen«, also den Mitgliederbewegungen, vor allem denen in die Kibbuzim *hinein*. Die absolute Freizügigkeit dieser Mitgliederbewegungen macht sie zu einem echten Gradmesser der Attraktivität; daran ändern auch gewisse institutionelle Regelungen des Ein- und Austritts nichts (einjährige Kandidatenzeit und Beschlußfassung durch die Generalversammlung des Kibbuz bei der Aufnahme, Abfindungszahlungen der Kibbuzim nach Maßgabe der Mitgliedszeit beim Austritt eines Mitglieds). In der Freiwilligkeit des Ein- und Austritts ist die Freiheit der individuellen Identifizierung mit dem Kibbuz und seinem Wertsystem gewissermaßen institutionalisiert: es bleiben und kommen nur diejenigen als Mitglieder, die mit ihm einverstanden sind – ein ganz entscheidender Faktor für die Geschlossenheit und Stabilität des Kibbuz-Systems!

Die durchschnittliche Abwanderungsquote von 40 bis 50

---

87 Shalom Lilker: Kibbutz Judaism..., a.a.O., S. 236ff.

Prozent junger Kibbuzniks in den letzten Jahren ist natürlich auch ein Gradmesser für die hohe Spannung und die wachsende Kluft zwischen »innen« und »außen«. Aber immerhin: *über die Hälfte* der im Kibbuz Geborenen bleibt und identifiziert sich mit seiner Lebensform, d. h. sie findet sie *besser* als die konventionellen Lebens- und Organisationsformen »draußen«. Der durchschnittliche jährliche Zuzug von Mitgliedern von außerhalb – neuerdings verstärkt »Stadtflüchter« und junge Familien – wurde in den siebziger Jahren mit ca. 1000 angegeben[88]. Diese sehr moderate Zahl kontrastierte damals aber auffallend mit der Zahl derjenigen Israelis, die sich bei regelmäßig wiederholten Befragungen als »prinzipiell interessiert« am Kibbuzleben bekannt hatten: sie rechnete sich hoch auf ein Potential von immerhin etwa 60000 »Interessenten«, wobei als Hauptmotiv die »besondere Lebensqualität« im Kibbuz *vor* dessen besonderer ideologischer Ausrichtung rangierte.

Diese Diskrepanz der Zahlen ist für die Kibbuzim in doppelter Hinsicht erfreulich und alarmierend zugleich: sie zeigt einerseits das hohe Maß an Sympathie und Interesse, auf das sie in der israelischen Gesellschaft bauen können (selbst eine Mehrheit von 56 Prozent der Likud-Wähler »unterstützte« bei einer Befragung 1978 den Kibbuz-Gedanken, und unerwartet hoch war auch das festgestellte starke Interesse am Kibbuzleben im sephardischen Teil der Bevölkerung). Diese positive Grundeinstellung in der israelischen Gesellschaft wird aber relativ wenig in entsprechendes Handeln (z. B. Eintritt) umgesetzt. Dabei spielt sicher der ebenfalls zutage getretene Mangel an direktem Kontakt eine Rolle: fast die Hälfte der Befragten gab an, noch nie in einem Kibbuz gewesen zu sein, was andererseits ein nahezu obligatorischer Programmpunkt für jeden ausländischen Israel-Touristen ist! Die hohe Einschätzung ihrer Lebensqualität ist einerseits für die Kibbuzim zwar schmeichelhaft,

---

88 Uri Leviatan: What do Israelis think of Kibbutz life and why, Haifa 1979, S. 27 ff.

zeigt aber zugleich die Notwendigkeit, ihre ideologische Basis auch *nach außen deutlicher* zu machen, um nicht etwa die »falschen« Sympathisanten anzuziehen.

Die positiven Befragungsergebnisse über die Einstellung der Israelis zum Kibbuzleben stehen auch nur scheinbar im Widerspruch zu der früheren Feststellung, daß der Kibbuz eben *kein* Lieblingskind der israelischen Gesellschaft ist. Vielmehr haben Unterstützung *und* Opposition von draußen von jeher die Kibbuzim begleitet, und diese gespaltene Haltung in der israelischen Gesellschaft erklärt auch, warum die Neueintritte in die Kibbuzim zahlenmäßig eher gering sind.

Interessant in diesem Zusammenhang sind in jüngster Zeit die Feststellungen des TAKAM-Absorptions-Departments über die Motive der neu in die Kibbuzim Eintretenden (»Niklatim«)[89]. Sie kommen in erster Linie aus den mittleren Schichten der israelischen Gesellschaft, sind wirtschaftlich und beruflich gut etablierte Menschen: »...die kommen, um eine ›neue Gesellschaft‹ zu finden, oft mit Erwartungen, die über das hinausgehen, was der Kibbuz ihnen tatsächlich bieten kann.«

In den achtziger Jahren wird die durchschnittliche jährliche Zahl von Neueintritten in die Kibbuzim des TAKAM mit 2000 bis 3000 Menschen (Erwachsene und Kinder) angegeben, von denen 60 bis 70 Prozent im Kibbuz bleiben. Dazu haben in neuerer Zeit auch regelrechte Werbekampagnen beigetragen (siehe Anzeige des TAKAM[90] auf S. 127) in Zeitungen, Rundfunk und Fernsehen, wobei neuerdings mit dem Slogan »Get away from the pressure – come to the kibbutz!« (Entzieht euch dem Druck – kommt in den Kibbuz!) ein besonders positives Echo erreicht worden sein soll: eine nicht unproblematische Übernahme ›kapitalistischer‹ Marketing-Strategien, – die zudem bei dieser Akzentuierung

---

89 Vgl. Kibbutz Currents No. 2 (Aug. 1988), S. 112 ff.
90 Übernommen aus W. Melzer/G. Neubauer, a.a.O., S. 34.

```
┌─────────────────────────────────────────┐
│  🏠                         📋           │
│ ┌─────────────────────────────────────┐ │
│ │  HOW ABOUT                          │ │
│ │  A KIBBUTZ?                         │ │
│ │  NOW IS THE RIGHT TIME TO TAKE THAT │ │
│ │  FIRST STEP IN CHANGING YOUR LIFESTYLE │
│ │         BY JOINING A                │ │
│ │         KIBBUTZ                     │ │
│ │    YOUNG FAMILIES AND SINGLES       │ │
│ │       PLEASE CONTACT US IN:         │ │
│ │ TEL AVIV, 10 Dubnov St., Tel. 03-260231 │
│ │ Sundays, 9 a.m.-7 p.m., Mondays; Tuesdays and Thursdays, 8 a.m.-3 p.m. │
│ │ HAIFA, 31 Peretz St. (opposite the Shekem) │
│ │ Tel. 04-662422, Sundays 2 p.m.-7 p:m. │
│ │                                     │ │
│ │  United Kibbutz Movement            │ │
│ │  ABSORPTION DEPARTMENT              │ │
│ │                now is the right time! │
│ └─────────────────────────────────────┘ │
└─────────────────────────────────────────┘
```

*Werbeanzeige der TAKAM*

möglicherweise die Kibbuzim weniger mit neuer »Pionier«- als mit »Aussteiger«mentalität auffüllen helfen!

Schließlich ist in diesem Zusammenhang auch noch auf die in den letzten Jahren zu beobachtende unerwartete Rückkehrerwelle hinzuweisen, d. h. die »Heimkehr« früherer Kibbuzniks – vor allem der jüngeren Jahrgänge, häufig nach jahrelangem Leben »draußen«[91]. Als dominierende

---

91 Stanley Maron: Kibbutz as a Communal Household, a.a.O., S. 49.

»Rückkehrmotive« haben Befragungen ergeben (in wörtlicher Übersetzung v. Verf.):

»1. Ein Überdruß am Individualismus und der Wunsch, ins Gemeinschaftsleben im weiteren Familienheim zurückzukehren, von dem die Jungen sich weiter als Teil fühlen und das immer ein Teil von ihnen bleibt, wo immer sie sich auch befinden.
2. Enttäuschung über die ›Bedingungen draußen‹ für das Aufziehen ihrer Kinder – und der Wunsch, ihren eigenen Kindern die gleiche glückliche Kindheit zu ermöglichen, die sie selbst hatten.
3. Die Einsicht, daß das Kibbuzleben sinnvoller und letztendlich persönlich befriedigender ist, *trotz* seiner Einschränkungen der individuellen Freiheiten und materiellen Besitzstände.«

# 9. Zur Relevanz der Kibbuz-Erfahrungen für die Suche nach alternativen Lebens-, Arbeits- und Wirtschaftsformen in der modernen Industriegesellschaft

## 9.1 Lektion für Ost und West: Sozialismus ist vereinbar mit wirtschaftlichem Erfolg und individueller Freiheit

Nichts hat so sehr die »Bewährung« des Experiments Kibbuz in den Augen außerisraelischer Kommentatoren zu bestätigen vermocht wie sein bisher ganz unbestreitbarer *wirtschaftlicher Erfolg* – wenngleich wahrlich die Ökonomie im Kibbuz immer nur Mittel zum Zweck war und ist. Aber natürlich verführt auch hier die Greifbarkeit und Vergleichbarkeit der Meßlatte des wirtschaftlichen Ergebnisses zur Bevorzugung dieses Erfolgskriteriums; und außerdem provozieren die gängigen auf Erfahrung beruhenden Erwartungen und ideologischen Vorurteile[92] es geradezu, diesen Teil der Kibbuz-Lehren besonders herauszustellen.

In der Tat hat sich die innovative Ökonomie des Kibbuz den Leistungen kapitalistischen Wirtschaftens nicht nur gewachsen, sondern ihnen in mancher Hinsicht sogar überlegen gezeigt – von einem Vergleich mit Ergebnissen im Staatssozialismus ganz zu schweigen. Will man also im Kibbuz einen lebendigen Beweis für oder gegen sozialökonomi-

---

92 Als »klassische Formulierung« dieses ökonomistischen Dogmas zitiert G. Heinsohn, a.a.O., S. 11 f., dazu Karl Kautsky (»Vorläufer des modernen Sozialismus« 1913): »...eine einzelne kommunistische, sich selbst genügende Gemeinde muß, auch wenn sie noch so vollkommen organisiert ist, ökonomisch stets viel tiefer stehen als eine kapitalistische Gesellschaft, die den Weltmarkt beherrscht.«

sche Doktrinen im west-östlichen Denkschema sehen, so könnte er allenfalls den Vertretern des wissenschaftlichen Sozialismus recht geben, die nach Aufhebung der privaten Verfügung über die Produktionsmittel und Abschaffung der Lohnarbeit eine »Entfesselung der Produktivkräfte« und die Entstehung einer ökonomisch überlegenen Produktionsform erwartet haben.

Auch die gegenwärtige ökonomische Krise vieler Kibbuzim liefert dazu *keinen* Gegenbeweis; eher spricht sie für die Unverzichtbarkeit eines zumindest »sympathisierenden« Umfeldes für das Gedeihen von kommunitären »Inseln« dieser Art. Denn wenn auch das normative Gefälle wie auch das ökonomisch-soziale Spannungsverhältnis zum umgebenden kapitalistischen Makrokosmos Israel und darüber hinaus der westlichen Welt eine notwendige Voraussetzung der vitalen Stabilität und Innovationskraft des Kibbuz darstellen – der Kibbuz *lebt* ja gerade, weil er sich *absetzt* von seinem pluralistisch-kapitalistischen Umfeld! –, so kann er wohl doch auf Dauer als offenes soziales System nur *überleben,* wenn er von der ihn umgebenden Gesellschaft auch *akzeptiert* wird. Konflikte der Art, wie sie derzeit bei einem merkbar nach rechts driftenden innenpolitischen Klima in Israel zwischen Regierung und Kibbuzim an der Tagesordnung sind[93], könnten auf *Dauer* die Kraft der Kibbuzim überfordern!

Gerade im Hinblick darauf, daß das Kibbuz-Experiment ja eine ebenso lange Geschichte hat wie das erste sozialistische Experiment auf nationalstaatlicher Grundlage – die Sowjetunion –, ist festzustellen, daß der Kibbuz die sozialistischen Prinzipien sehr viel *konsequenter* in die Praxis umgesetzt hat, als es in irgendeiner der Gesellschaften des realen Sozialismus bis auf den heutigen Tag je geschehen ist: nicht nur Produktion und Produktionsmittel wurden vergesell-

---

93 Vgl. etwa den Kampf um akzeptable Umschuldungshilfen für die in finanzielle Schwierigkeiten geratenen Kibbuzim, der gegenwärtig (März 1989) als Sprengstoff und Pressionsmittel in der Regierungskoalition Israels wirkt.

schaftet, sondern auch völlige ökonomische und soziale Gleichheit und Gleichberechtigung praktiziert, wobei in der Konsequenz – insbesondere für die Rolle der Frau – auch die Sozialisierung der Dienstleistungen und von Teilen des Konsums verbunden ist. Es gibt auch keinerlei »Nischen« privater Produktionstätigkeit wie in den realsozialistischen Kolchosen oder Kommunen des Ostens: insofern praktiziert der Kibbuz wirklich »Kommunismus in Reinkultur«![94]
Aber: konstitutives Element und Lebenselexier des Kibbuz ist eben *auch und zugleich* das *Prinzip der Freiheit* und Freiwilligkeit und die Orientierung an einem *ganzheitlichen humanistischen Menschenbild! Wenn* der Kibbuz also etwas »beweisen« kann, dann dies: daß Sozialismus und Freiheit als Ordnungselemente in der Praxis *doch* vereinbar sind; und daß demokratische Entscheidungsprozesse die Verbindung der beiden Elemente im »Alltag« prinzipientreu und zugleich effizient zuwege zu bringen vermögen – wenn und soweit die Freiheit der *individuellen Identifizierung* mit dem verbindlichen Wertesystem gewährleistet ist.

Die Relevanz dieser Kibbuz-Erfahrungen angesichts des weithin in West und Ost in Gang befindlichen Umdenkens bei der Suche nach mehr Humanität und Solidarität in der gesellschaftlichen Entwicklung liegt auf der Hand. Die Hinwendung zu nichtetatistischen Formen gesellschaftlicher Selbstorganisation und Selbsthilfe hat sich auch in der Bundesrepublik nicht nur in vielen praktischen Ansätzen und Initiativen, sondern auch in der Theorie durchgesetzt, in der Sozialwissenschaft wie in den politischen Programmdiskussionen (vgl. etwa das neue Grundsatzprogramm der SPD). Kommunitäre, kibbuzartige Formen des Miteinanderlebens-, -arbeitens und -wirtschaftens liegen ganz auf der Linie dieses Umdenkens[95]: »Der sozialökologische ›Umbau der

---

94 So Klaus Mehnert: Eine funktionierende Utopie. Das Leben im Kibbuz. Christ und Welt, Nr. 13/71.
95 F. Vilmar, a.a.O., S. 7.

Gesellschaft‹, von dem Alternative aller Couleur bislang weithin nur theoretisch träumen können, ist im Kibbuz in vieler Hinsicht verwirklicht.«

Dies gilt erst recht im Hinblick auf den *Genossenschaftsgedanken*, der in neuerer Zeit wieder verstärkt in den Gesichtskreis gesellschaftlicher Reformpolitik gerückt ist[96], und dies explizit auf der Suche »...nach neuen alternativen Lebensformen, die die übermäßige Individualisierung und Fragmentierung des Daseins und der Arbeit überwinden« wie auch »der Anonymisierung und der mit ihr verbundenen Entfremdung in den großen Apparaten« entgegenwirken wollen, verbunden mit dem »Plädoyer für ein richtig verstandenes Subsidiaritätsprinzip«. Insofern ist es auch nur folgerichtig, daß Fritz Vilmar für die Umsetzung solcher Programmatik propagiert, »vom Kibbuz (zu) lernen« und höchst konkret diesen Lernprozeß zu organisieren versucht. Denn wie schon vor 40 Jahren Martin Buber richtig konstatierte: »Soweit ich Geschichte und Gegenwart übersehe, darf man nur einem einzigen umfassenden Versuch, eine Vollgenossenschaft zu schaffen, ein gewisses Maß des Gelingens im sozialistischen Sinn zusprechen; das ist das hebräische Genossenschaftsdorf in Palästina in seinen verschiedenen Formen.«[97]

Zwar hat sich die Idee, durch die Gründung von immer mehr Kibbuzim schließlich zur Herrschaft einer sozialistischen Gesellschaftsordnung im ganzen Land zu gelangen, in Israel als Illusion erwiesen, wie auch in ihrer Visionskraft ungebrochene Kibbuzniks der ersten Stunde heute anerkennen[98]. Daß sie »in den heutigen Kommunen, einschließlich

---

96 Vgl. Hans-Jochen Vogel: Genossenschaftsidee und solidarische Gesellschaft, Die Neue Gesellschaft 86/2, S. 113 ff.; Franz Hiss: Genossenschaften neu denken, S. 229 ff., in: Michael Opielka/Ilona Ostner (Hrsg.): Umbau des Sozialstaats, Essen 1987.
97 M. Buber, a.a.O., S. 221.
98 Eliezer Feiler: Der Kibbuz – ein zeitweiliges Phänomen oder ein stabiler Faktor der Realität Israels? in: W. Fölling/I. Haase, a.a.O., S. 131.

der Kibbuzim«, dennoch »Vorboten der Zukunft« sehen, eine »Alternative zur Massengesellschaft« – dieses Credo begründen sie gerade mit ihrer Erfahrung eines Optimums an individueller Freiheit im Kollektiv, wörtlich[99]: »Ich lebe in einem Kibbuz, weil ich nirgendwo anders soviel Freiheit für das Individuum, soviel Entwicklungsspielraum, so viele Möglichkeiten für individuelle Selbstfindung und Selbstverwirklichung gefunden habe!« Oder verkürzt auf die Worte von Amos Oz, dem Schriftsteller: Er lebe in einem Kibbuz, weil »...it is the least bad place of all those I have seen in the world!«[100]

### 9.2 Versuchs- und Lernfeld Kibbuz: Anschauungsunterricht zur Praktikabilität sozialer Innovationen – auch für unsere Gesellschaft

Das »nicht gescheiterte Experiment« Kibbuz entzieht sich einer »abschließenden Würdigung«. Und Überlegungen zur Relevanz seiner Erfahrungen in Jahrzehnten für die Außenwelt anzustellen kann nicht heißen, die daraus zu gewinnenden Lehren *im einzelnen* aufzulisten und zu evaluieren. Andererseits ist der Kibbuz jedoch viel zu einzigartig in seinen historischen und ideologischen Konstellationen, als daß er als *Gesamtmodell* einer alternativen Lebens- und Wirtschaftsform schlechthin gelten könnte; das zeigen auch die im ganzen erfolglosen Versuche seiner Kopierung in anderen Ländern (z. B. in Japan und USA).

Gleichwohl ist die Relevanz der Kibbuz-Erfahrungen gerade für die Suche nach ökologisch und sozial »verträglicheren« Formen des Arbeitens, Produzierens, Konsumierens, Industrialisierens, Siedelns – des Lebens schlechthin – in der heutigen Industriegesellschaft offenkundig. Insofern stellt

---

99 Asher Maniv, a.a.O., S. 19.
100 Amos Oz: A Thought on the Kibbutz, Kibbutz Currents, 2/1988, S. 30.

die hier skizzierte Entwicklung und Wandlung der Kibbuzim in den letzten Jahrzehnten *auch* ein Stück Anschauungsunterricht zum überfälligen Bedarf wie auch zum Potential an sozialen Innovationen im Industriesystem generell dar und zu seinen gesellschaftlichen Grundlagen.

Allerdings wird es dem ganzheitlichen Lebenszusammenhang des Kibbuz eben *nicht* gerecht, wenn einzelne innovative Elemente für diesen Anschauungsunterricht aus ihrem organischen Zusammenhang herausgelöst und isoliert gewertet werden – so wie es Martin Bubers Bild vom Kibbuz als »Versuchsfeld« verdeutlicht: »Es ist etwas entstanden, was von all den sozialen Experimenten in der weiten Welt wesensverschieden ist: nicht ein Laboratorium, wo jeder für sich arbeitet, allein mit seinen Problemen und Plänen, sondern ein Versuchsfeld, wo auf gemeinsamem Boden verschiedene Pflanzungen nach verschiedenen Methoden nebeneinander zu einem gemeinsamen Ziel erprobt werden.«[101]

Dennoch sollen abschließend nochmals einige der besonders bemerkenswerten »Pflanzungsmethoden« aus diesem »Versuchsfeld« herausgestellt werden, eben soweit ihre Bewährung im Kibbuz auch eine Ermutigung bilden könnte zu entsprechendem Handeln in *unserer* Gesellschaft!

1. *Eine Humanisierung der Arbeitswelt, die diesen Namen wirklich verdient, ist möglich und praktikabel* – die den »ganzen« Menschen zum Maß der Produktionsverhältnisse macht und Arbeit aus dem integralen Lebenszusammenhang heraus gestaltet – *auch* unter den technischen und wirtschaftlichen Bedingungen des Industriesystems. Entscheidend dafür sind die Prioritäten in der Wertorientierung der »arbeitenden Gesellschaft«.

Die drei wesentlichen Dimensionen dieser »menschengemäßen« Arbeitswelt:

---

101 M. Buber, a.a.O., S. 229.

● »*Arbeiten« im Kibbuz*
ist alles Tätigsein »durch gestaltendes Handeln im Dienst des ökologischen Gemeinwesens« (siehe oben) und verbindet – in der Marxschen Terminologie – das »Reich der Notwendigkeit« mit dem »Reich der Freiheit«. Indem die Funktion der »Lebenssicherung« im Kibbuz von der individuellen Arbeit abgekoppelt und über das Kollektiv erfüllt wird, kann die Funktion der »Selbstverwirklichung« des Menschen in der Arbeit vorrangig Beachtung finden – eine »Befreiung der Arbeit«, die »Befreiung *von* Arbeit« schon deshalb überflüssig macht, weil sie Minderung von Lebensqualität bedeuten würde.

Genau auf dieser Linie bewegt sich derzeit auch in der Bundesrepublik die wissenschaftliche und politische Diskussion um einen »zeitgemäßen Arbeitsbegriff«[102]; in ihrem Mittelpunkt steht die *»gesellschaftlich notwendige Arbeit«* als Inbegriff einer Ausweitung der herkömmlichen »Erwerbsarbeit« um die gesamte Haus-, Familien- und Gemeinschaftsarbeit sowie die Weiterbildung und Umschulung als Tätigkeiten für die Selbstverwirklichung des Menschen[103]. Zu ihr heißt es etwa im Entwurf des neuen Grundsatzprogramms der SPD vom März 1989: »Wir wollen die Ungleichbewertung der verschiedenen Formen der gesellschaftlich notwendigen Arbeit überwinden und die verschiedenen Arbeiten zwischen Männern und Frauen gleich verteilen.«

Die Neudefinition und -organisation der Arbeit gilt dabei sowohl wirtschaftlich – zur Überwindung der Arbeitslosigkeit[104] – wie gesellschaftlich zur tatsächlichen Gleichstellung von Mann und Frau[105] als unverzichtbar. Daß eine solche Er-

---

102 Vgl. Paul Kellermann: Gesellschaftlich erforderliche Arbeit. Zur Diskussion um einen zeitgemäßen Arbeitsbegriff. Die Neue Gesellschaft, 88/7, S. 648 ff.
103 Vgl. Oskar Lafontaine: Die Gesellschaft der Zukunft. Reformpolitik in einer veränderten Welt, Hamburg 1988, S. 80 ff.
104 Vgl. Jacques Julliard: Die Neudefinition der Arbeit – eine wirtschaftliche Notwendigkeit, S. 44 ff., in: Freimut Duve (Hrsg.): Technologie und Politik 15, Reinbek b. Hamburg 1980.
105 Vgl. O. Lafontaine, a.a.O., passim.

weiterung des Arbeitsbegriffs nur in die gesellschaftliche Realität umgesetzt werden kann, soweit er durch den Ausbau einer allgemeinen *sozialen Grundsicherung* auch materiell abgesichert ist[106], liegt in der Logik des Systemzusammenhangs – und kann nicht zuletzt im Kibbuz gelernt werden! Und auch dies: daß mit der vollen Integration der Frauen in die Arbeitswelt – der »gesellschaftlich notwendigen« oder »nützlichen Arbeit« – noch immer nicht deren tatsächliche Gleichstellung erreicht ist, solange nämlich ihre rollenspezifische Ausrichtung auf das Feld der »humanen Dienstleistungen« sich nicht durch entsprechende Änderungen im Verhalten der Männer erübrigt.

- *Arbeitsmotivation im Kibbuz*

funktioniert auf hohem Niveau offenkundig auch *ohne* jede differenzierte Entlohnung oder sonstige materielle Anreize, wie angesichts der Entkoppelung von Arbeitsleistung und Lebensstandard des einzelnen Mitglieds festzustellen ist, die den Schlüssel bildet zur Umsetzung des Gleichheitsprinzips in die Alltagswirklichkeit des Kibbuz. Einstellung zur Arbeit und Leistungsbereitschaft im Kibbuz sind aber auch nicht nur der puritanischen Selbstdisziplin des einzelnen überlassen, sondern einem vielfältigen informellen sozialen Kontroll- und Anreizgeflecht im Kibbuz ausgesetzt, das vor allem die »höheren« Bedürfnisse der Menschen anspricht, nach Selbstverwirklichung, Mitsprache, gesellschaftlichem Ansehen etc.

- *Arbeitsorganisation im Kibbuz*

ist nicht zu Unrecht auch von ausländischen Wissenschaftlern als eine Errungenschaft bezeichnet worden, die »weltweit, jetzt und in der Zukunft, Bedeutung hat und die Möglichkeit des Schulterschlusses mit vielen Arbeiterbewegungen bietet«[107]. Als wesentliche Prinzipien dieser egalitären,

---

106 Ebenda, S. 82.
107 Seymour Melman: Entscheidungsprozesse, Demokratie am Arbeitsplatz und der Kibbuz, Kibbuz Studien, Febr. 88, S. 12.

nichthierarchischen und gleichwohl effizienten Arbeitsorganisation sind festzuhalten[108]: Partizipation der Arbeiter bei allen Entscheidungen – Wahl und Rotation der Manager – Rotation der monotonen und unangenehmen Arbeiten – Planung und Gestaltung der Arbeitsplätze nach Maßgabe der Fähigkeiten, Wünsche und Bedürfnisse der Kibbuz-Mitglieder aller Alters- und Bildungsstufen.

2. *»Technologische« und »ökologische« Effizienz sind vereinbar mit dem »humanen« Imperativ:*

Gewiß ein Fazit aus 80 Jahren Kibbuz-Erfahrungen, das nicht ohne jede Einschränkung konstatiert werden kann, gerade was die Wirkungen des Industrialisierungsprozesses auf das Kibbuz-System anbelangt. Angesichts der aktuellen Krise wird neuerdings sogar gelegentlich besorgt der *Vorrang* wirtschaftlicher Effizienzüberlegungen im Wertesystem des Kibbuz registriert[109], oder aber umgekehrt dieser gerade als notwendige Überlebensstrategie propagiert. Unbestritten hat die Industrialisierung der Kibbuzim – wohl unvermeidlicherweise – zu einer stärkeren funktionalen Differenzierung und Professionalisierung in den egalitären Arbeitsstrukturen des Kibbuz und hier insbesondere im Management geführt – aber die sehr bewußten Bemühungen um ihre Minimierung waren doch im ganzen erfolgreich. Insofern kann festgestellt werden, daß das Industriesystem im Zuge seiner »Einverleibung« in das Kibbuz-System ganz erheblich umfunktioniert worden ist in Richtung auf eine »sanfte« Industrialisierung, auch *ohne* daß es eine entsprechende Programmatik gab; schon allein deshalb ist die Kibbuz-Praxis der Innovation industrieller Prozesse und Strukturen höchst bemerkenswert, besonders auch in der »Indienstnahme« neuer Technologien.

---

108 Vgl. F. Vilmar, a.a.O., S. 40.
109 Vgl. Amir Helman: The Inclination to give up Kibbutz Values in Favour of Economic Efficiency, S. 666–673, in: Gorni/Oved/Paz (ed.), a.a.O.

Das »Versuchsfeld« Kibbuz demonstriert im Kleinen das in der modernen industriellen Welt heute zunehmend notwendig werdende *Loskommen* von einem *einseitigen und engen Effizienzdenken,* das die Maximierung wirtschaftlicher Erträge ohne Ansehung oder gar zu Lasten von Erfolgskriterien des menschlichen und natürlichen Lebenszusammenhangs verfolgt. Insofern bietet der Kibbuz auch ein Exempel des viel beschworenen »qualitativen Wachstums«, in dem Ökonomie und Technik im Einklang mit der natürlichen und sozialen Umwelt entwickelt werden, bedürfnisgerecht und aus hautnaher Verantwortung für die nachwachsenden Generationen.

Diese kibbuztypische ganzheitliche Sicht der Dinge läßt sich besonders gut verdeutlichen anhand der Argumentation, mit der man im Kibbuz die vorgeblich »unwirtschaftliche« zeitweise Beschäftigung auch hochqualifizierter Manager und Akademiker in »einfachen« Tätigkeiten und Diensten im Zuge der Rotation rechtfertigt: dem »Verlust« an wirtschaftlicher Effizienz wird der menschliche und soziale »Gewinn« gegenübergestellt, der den einzelnen wie die Gemeinschaft in Zusammenhalt – »sense of togetherness« –, Wertschätzung, Vertrauen und Verantwortung aller für alle »bereichert«; dabei »errechnet« sich ein positiver Saldo, weil die kollektive Wohlfahrt des Kibbuz eben nur zu *optimieren* ist.

3. *»Small is possible« – Lebensfähigkeit und Effizienz der »kleinen Einheit« haben sich bewährt.*

Diese Kibbuz-Erfahrung ist für uns heute um so lehrreicher, als weit über Israel hinaus die Rückbesinnung auf eben diese »kleinen Einheiten« als Element gesellschaftlicher Organisation ein Zeichen der Zeit ist, angesichts bedrückender Anonymisierung und Bürokratisierung in den »großen Apparaten« der modernen Industriegesellschaft, mit ihrem Defizit an menschlicher Nähe und Überschaubarkeit, ihrer Störanfälligkeit und ihren hohen sozialen und ökologischen Folgekosten.

Im Gegensatz dazu zeigen sich im Kibbuz die Vorzüge des – persönliche Identifikation ermöglichenden – kleinen Gemeinwesens, das ein hohes Maß von dezentraler Autonomie bei gleichzeitiger Vernetzung in übergreifende Strukturen erlaubt und seine Überlebensfähigkeit ohne Preisgabe seiner ureigenen normativen Grundlagen unter Beweis gestellt hat.

Es liegt deshalb nahe, den Kibbuz geradezu zum »Kronzeugen« für die Richtigkeit und Wichtigkeit der Ideen von E. F. Schumacher (»Small ist beautiful«) zu machen, auf die in der Kibbuz-Literatur heute in der Tat Bezug genommen wird[110]: Als leidenschaftliches Plädoyer für eine »Rückkehr zum menschlichen Maß« in unseren Technik-, Wirtschafts- und Lebensformen haben sie in den vergangenen 15 Jahren in aller Welt als geistiges Rüstzeug von Alternativbewegungen gewirkt.

Der Kibbuz in seiner Qualität als »urbanes Dorf« zeigt auch, daß eine Überbrückung der Spannung zwischen Stadt und Land im Prinzip möglich ist. Allerdings bleibt die Entwicklung *spezifisch urbaner Kibbuz-Formen* angesichts fortschreitender Polarisierung zwischen städtischem und ländlichem Lebensmileu in Israel weiter in der Diskussion. Als ein erster Schritt in Richtung auf neue Lösungsmuster kann hier auf die im Rahmen der TAKAM entwickelte Konzeption einer *»kooperativen Stadt«* hingewiesen werden. Sie sieht 50 Kilometer nördlich von Eilat im südlichen Negev, als Alternative zu den jetzigen Entwicklungsstädten, die Schaffung kooperierender Kommunen von jeweils ca. 100 erwachsenen Mitgliedern vor, die zu einer »kooperativen Stadt« verflochten werden sollen[111]: ein interessantes Projekt, dessen Realisierungschancen aber noch völlig offen sind.

---

110 E. F. Schumacher: Small is beautiful. Die Rückkehr zum menschlichen Maß, Reinbek bei Hamburg 1985; vgl. auch Asher Maniv, a.a.O., S. 18.
111 UVDA – A Cooperation of Collective Communities in the Negev, S. 35 ff., Kibbutz Studies 23, Mai 1987; vgl. auch F. Vilmar, a.a.O., S. 45.

In welchem Maß der Kibbuz in der Stadt-Land-Dimension von jeher als Schrittmacher des Fortschritts gesehen wurde, das kann bereits bei Martin Buber nachgelesen werden[112]: »Die sozialistische Aufgabe wird erst in dem Maß erfüllt werden, als das neue Dorf, das die Produktionsformen vereinigende und Produktion mit Konsum verbindende Dorf, auf die amorph gewordene städtische Gesellschaft im Sinne der Restrukturierung einwirkt.«

4. *Machtfreie Autorität und nicht-hierarchische Ordnungs-Strukturen sind funktionsfähig* –

soweit sie sich auf eine »Verantwortungsgemeinschaft« gründen. Das Kibbuz-System bringt es offensichtlich zuwege, daß Übertragung und Ausübung von Autorität ohne nennenswerte Machtkonzentration und damit auch ohne Belastung der zwischenmenschlichen Beziehungen funktionieren kann. Damit erübrigen sich die üblichen Formen organisierter gesellschaftlicher Kontrolle. Das Fehlen hierarchischer Strukturen, die ja eine Abschiebung von Verantwortung nicht nur erlauben, sondern auch provozieren, ist offensichtlich eine wichtige Voraussetzung dafür, daß die Prinzipien von Kooperation und kollektiver Verantwortung auch *gelebt* werden können.

Der Anschauungsunterricht, den der Kibbuz zu den Organisationsformen effektiven Gemeinschaftslebens in allen Funktionsbereichen bietet, liefert somit eine höchst eindrucksvolle Bestätigung für die Praktikabilität basisdemokratischer Ordnungsprozesse, jedenfalls soweit sie sich in überschaubaren Größenordnungen abspielen und von Menschen getragen werden, mit deren Verantwortungsbereitschaft und -fähigkeit für die Gemeinschaft zu rechnen ist.

---

112 M. Buber, a.a.O., S. 220.

5. *Die Wahrung des integralen Lebenszusammenhangs beim Arbeiten und Wirtschaften produziert eine wahrhaft »privilegierte« Lebensqualität.*

Fritz Vilmar, der selbst einige Zeit im Kibbuz gelebt hat, schreibt dazu[113]: »Der im Kibbuz erreichte Grad an materieller Lebenssicherheit und sozialem und psychischem Komfort ist in der privatwirtschaftlichen Gesellschaft nur den Privilegierten erreichbar; Entscheidendes aber selbst ihnen nicht!« Wenn man bedenkt, daß im Kibbuz ja immer nur mit seiner Lebenswelt im Prinzip einverstandene und zufriedene Mitglieder leben – weil sie ja sonst den Kibbuz verlassen könnten! –, so kann dieser Beurteilung kaum widersprochen werden.

Eines der wichtigsten Elemente der Kibbuz-Philosophie ist zweifellos die *Ganzheitlichkeit* seines Menschenbildes, wie sie gerade Martin Buber am Herzen lag: nicht den verschiedenen »Rollen«, sondern der »ganzen Person« der Menschen sucht das Kibbuzleben zu entsprechen. Die Fragmentierung modernen Lebens und Arbeitens wird in ihm weitgehend überwunden: sei es durch Aufhebung der Zerteilung eines heutigen »Normalarbeitslebens« in verschiedene Lebens-Abschnitte (»Kästchen«, siehe oben), und damit der vollen Integration aller Lebens-Altersstufen, insbesondere der Alten, die ohnehin der »Generationengemeinschaft« entspricht; sei es in der Aufhebung – zwar eher prinzipiell als faktisch – auch der geschlechterspezifischen Verteilung der Arbeitsrollen, der Befreiung der familiären Sphäre vom dominanten Druck wirtschaftlicher Abhängigkeiten; oder der Überwindung extremer Arbeitsteilung und einseitiger beruflicher Spezialisierung durch Ämter- und Arbeitsplatz-Rotation, »life-long-learning«, systematisches »job-enrichment« – um nur einige wenige Beispiele hier nochmals zu nennen.

---

113 F. Vilmar, a.a.O., S. 36.

Solidarität *und* Selbstverwirklichung, Gemeinwohlorientierung *und* kollektive Ich-Bezogenheit: all dies ist im Kibbuz *zugleich* möglich, wenn auch nicht maximal, wohl aber mit der Chance zur Erreichung eines Gesamt-Optimums. Zwei »Entwicklungs-Muster« folgen daraus für das auf Ganzheitlichkeit angelegte – oben als »ökologisch« gekennzeichnete – Gemeinwesen:

- Seine Wandlungswilligkeit und -fähigkeit ist besonders ausgeprägt dank des Fehlens sozialer Friktionen, die den Wandel behindern könnten: bei gleicher sozialer Sicherung aller gibt es wenig »Besitzstände« zu verteidigen gegenüber Neuentwicklungen; dies mag mit die hohe *Innovationskraft* des Sozialsystems KIBBUZ erklären und sollte lehrreich sein im Hinblick auf die Gestaltung und Akzeptanz gesellschaftlicher Umstrukturierungsprozesse generell.

- Der Kibbuz praktiziert – abseits aller Programmatik – etwas, was man im weiteren Sinne nach heutigen Sprachkategorien als *»vorsorglichen Umweltschutz«* bezeichnen könnte: er trägt die volle Verantwortung für sein Tun und Treiben, auch für die Folgen seines Handelns für seine Mit- und Nachwelt: »Überwälzungsvorgänge« zu Lasten Außenstehender sind zumindest minimal; eher wurde deutlich, daß beachtliche »externe Effekte« *zugunsten* seines gesellschaftlichen Umfeldes zu verzeichnen sind.

Gerade in seiner Bewahrung des integralen Lebenszusammenhangs ist der Kibbuz zweifellos etwas »spezifisch Jüdisches«: Verkörperung einer faszinierenden Mischung aus visionärer Begabung, intellektueller Brillanz und praktischem Lebensgespür, die dieses Volk 2000 Jahre Diaspora hat überdauern lassen. Auch wenn der Kibbuz etwas höchst Säkulares ist – insofern ist er doch so etwas wie eine »Botschaft an die Welt«: daß nämlich ein humaner und ökologischer Fortschritt in der industriellen Gesellschaft heute »machbar« ist – jedenfalls im Kleinen!

Oder authentischer in den schlichten Worten eines Kibbuzniks, der eben darin die Chance des Kibbuz heute sieht:

»Nicht jeder möchte vielleicht in einem Kibbuz leben. Aber der Kibbuz hat Antworten bereit...

Antworten auf die neuartigen Probleme der sozialen und wirtschaftlichen Ordnung, die Israel dringend braucht. Diese Ideen können für jedermann in anderen Teilen der Welt nützlich sein, der sich in ähnlichen Ideen versucht.«[114]

---

114 Asher Maniv, a.a.O., S. 16.

# Verzeichnis der Literaturquellen

Barkai, Haim: Growth Patterns of the Kibbutz Economy, Amsterdam–New York–Oxford 1977

Bartölke, Klaus; Bergmann, Theodor; Liegle, Ludwig (Hrsg.): Integrated Cooperation in the Industrial Society: The Example of the Kibbutz, Assen 1980

Ben-Porath, Yoram (ed): The Israeli Economy. Maturing through Crises, Cambridge Mass.–London 1986

Biervert, Bernd; Finis, Beate: Zur Bestandssicherung des Kibbuz als relativ autonomes, offenes Sozialsystem in einer kapitalistischen Systemumwelt (S. 1–19). Archiv für öffentliche und freigemeinnützige Unternehmen, Bd. 14, 1985

H. Bossel/W. Dürrschmidt (Hrsg.): Ökologische Forschung. Wege zur verantworteten Wissenschaft, Karlsruhe 1981

Buber, Martin: Pfade in Utopia, Heidelberg 1950

Busch-Lüty, Christiane: Israel – eine »arbeitende Gesellschaft« im Wandel zur Industrienation; List Forum, Bd. 10, Nr. 4 (1980)

Busch-Lüty, Christiane: Entwicklungsphänomen Israel: Vom Kibbuz zum Kapitalismus? Aus Politik und Zeitgeschichte B 4/79

W. Fölling; J. Haase: Kibbuz-Leitfaden, Deutsch-Israelischer Arbeitskreis für Frieden im Nahen Osten e.V. Schriften Bd. 14, Berlin 1987

Gorni, Yosef; Oved, Yaakov; Paz, Idit (ed): Communal Life. An International Perspective. Lectures delivered at The International Conference on Kibbutz & Communes; Mai 1985, Yad Tabenkin-Efal, Israel

Heinsohn, Gunnar (Hrsg.): Das Kibbuz Modell, Bestandsaufnahme einer alternativen Wirtschafts- und Lebensform nach sieben Jahrzehnten, TB Ed. Suhrkamp, Frankfurt 1982

Hiss, Franz: Genossenschaften neu denken; S. 229 ff. in: Michael Opielka; Ilona Ostner (Hrsg.): Umbau des Sozialstaates, Essen 1987

Julliard, Jacques: Die Neudefinition der Arbeit – eine wirtschaftliche Notwendigkeit; S. 44 ff. in: Freimut Duve (Hrsg.): Technologie und Politik 15, Reinbek bei Hamburg 1980

Kellermann, Paul: Gesellschaftlich erforderliche Arbeit. Zur Diskussion um einen zeitgemäßen Arbeitsbegriff. Die neue Gesellschaft, 88/7 S. 648 ff.

Lafontaine, Oskar: Die Gesellschaft der Zukunft. Reformpolitik in einer veränderten Welt, Hamburg 1988

Lanir, Joseph: The Kibbutz Movement/Survey and Data, 2nd edition, Yad Tabenkin Efal 1987

Laqueur, Walter: Der Weg zum Staate Israel, Geschichte des Zionismus, Wien 1975

Leviatan, Uri: What do Israelis think of Kibbutz life and why, Haifa 1979

Leviatan, Uri: Individual effects of managerial rotation: the case of the »demoted« office holder, Haifa 1980/1

Leviatan, Uri: Importance of Knowledge Intensive Occupations for the Kibbutz Society, Haifa 1980/2

Leviatan, Uri: Work and Age: Centrality of Work in the Life of Older Kibbutz Members, Haifa 1980/3

Leviatan, Uri: Organizational Effects of Managerial Turnover in Kibbutz Production Branches, Haifa 1982/1

Leviatan, Uri: Higher Education in the Israeli Kibbutz: Revolution and Effect, Haifa 1982/2

Leviatan, Uri; Z. Am-ad; G. Adar: Aging in the Kibbutz: Satisfaction with Life and his Antecedents, Haifa 1982/3

Leviatan, Uri: Work and Aging in the Kibbutz, Haifa 1982/4

Leviatan, Uri: The Kibbutz and the Society in the Eyes of the Israeli Public 1976–1981, Haifa 1982/5

Leviatan, Uri; J. Cohen; A. Jaffe-Katz: Life Expectancy of Kibbutz Members, Haifa 1983

Liegle, Ludwig: Der Kibbuz als integrierte Genossenschaft; S. 145–68 in: Mehrwert, Beiträge zur Kritik der Politischen Ökonomie Nr. 19: Einfach anders leben? Ökonomie und Utopie, Osnabrück 1979

Lilker, Shalom: Kibbutz Judaism – A new Tradition in the Making, New York/London 1982

Maron, Stanley: Kibbutz as a Communal Household, Yad Tabenkin Efal 1987

Meir, Avinoam: The Industrialization of Agriculture in the Kibbuzim: The case of Israel; S. 259–80 in: Gyorgy Enyedi: Volgyes J., (ed) The Effect of Modern Agriculture on Rural Development, New York 1982

Melzer, Wolfgang; Neubauer, Georg: Der Kibbuz als Utopie, Weinheim–Basel 1988

Opielka, Michael (Hrsg.): Die ökosoziale Frage. Alternativen zum Sozialstaat, Frankfurt 1982

Palgi, Michal: High-Tech in Kibbutz Industry. A case study, Haifa 1988

Rosner, Menachem: Participatory political and organizational Democracy and the Experience of the Israeli Kibbutz, Haifa 1981

Rosner, Menachem: High-Tech in Kibbutz Industry. Structural Factors and Social Implications, Haifa 1988

Rosner, Menachem; A. Ovrath: Seven Years later: change in perceptions and attitudes of Kibbutz-born adults and their causes, Haifa 1980

E. F. Schumacher: Small is beautiful. Die Rückkehr zum menschlichen Maß, Reinbek bei Hamburg 1985

U. E. Simonis (Hrsg.): Mehr Technik – weniger Arbeit? Plädoyers für sozial- und umweltverträgliche Technologien, Karlsruhe 1984

J. Strasser; K. Traube: Die Zukunft des Fortschritts, Bonn 1981

Vilmar, Fritz: Kommunen aufbauen – vom Kibbuz lernen. Schritte zur Verwirklichung eines alternativen Sozialismuskonzepts. Unveröffentlichtes Typoskript, Berlin 1988

Vogel, Hans-Jochen: Genossenschaftsidee und solidarische Gesellschaft; Die Neue Gesellschaft 86/2, S. 113 ff.

Wolffsohn, Michael: Israel: Politik. Gesellschaft. Wirtschaft. 2. Aufl., Opladen 1987

Zeitschriften (laufend)

- Kibbutz Studies, Ausgaben 1–28 (veröffentlicht vom Forschungsinstitut der TAKAM, Yad Tabenkin, Efal)
- Kibbutz Currents, Ausgaben 1–2 (veröffentlicht von der Federation of Kibbutz Movements, Tel Aviv)

# Tabellarische Übersicht der Kibbuzim in Israel

Stand 1989

*Abkürzungserklärungen:*

Die in der Liste der Kibbuzim verwendeten Abkürzungen bedeuten:

- In der Kopfleiste: KV = Kibbuz-Verband
  GL = Grenzlage

- In der Spalte:

  a) Wirtschaftszweige

  | | | |
  |---|---|---|
  | *A* | = | *Landwirtschaft* |
  | A1 | = | Tierzucht |
  | A2 | = | Obst- und Gartenbau |
  | A3 | = | Feldkulturen |
  | | | |
  | *B* | = | *Industrie* |
  | B1 | = | Metallverarbeitung |
  | B2 | = | Elektronik |
  | B3 | = | Plastikverarbeitung |
  | B4 | = | Möbel |
  | B5 | = | Lebensmittelverarbeitung |
  | B6 | = | Optik |
  | B7 | = | Pharmazie |
  | B8 | = | Textil |
  | B9 | = | Druck |
  | B10 | = | Bauwirtschaft |
  | B11 | = | Sonstiges |
  | | | |
  | *C* | = | *Dienstleistungen* |
  | C1 | = | Tourismus |
  | C2 | = | Ulpan (Sprachausbildung) |
  | C3 | = | Sonstiges |
  | | | |
  | *G* | = | *Gästehaus/Hotel* |

b) Kibbuz-Verband

   I   = Takam
   II  = Artzi
   III = Dati        } religiöse Kibbuzim
   IV = Agudat
   V  = Collective Settlements

● Quellen:
Als Quellen für die Liste standen zur Verfügung

Jens Matthiesen/Ari Lipinski
Kibbuz Konkret 87/88
Verlag Interconnections, 7800 Freiburg

Map of the Kibbutzim in Israel
Published by the Federation of the Kibbutz
Movements, Department of Documentation and
Information, 1983

Kibbutz, Facts und Figures
Published by Yad Tabenkin,
Ramat-Efal, 1988

Die Liste wurde freundlicherweise in Yad Tabenkin Ende Februar 1989 auf den neuesten Stand hin korrigiert.

| Name/geogr. Lage | Gründ.-jahr | Bev./Mitgl. | Wirt.-zweige | KV | GL |
|---|---|---|---|---|---|
| **I. Norden/Galiläa** | | | | | |
| 1 Degania »A«/Jordantal | 1909 | 635/327 | A1; A3; B1 | I | x |
| 2 Kinneret/Jordantal | 1913 | 821/499 | A1; A3; B3 | I | x |
| 3 Ayyelet/Haschar Nordgaliläa | 1916 | 940/455 | A1; A2; B11 C3; G | I | |
| 4 Kefar Gil'adi/Nordgaliläa | 1916 | 786/412 | A1; A2; A3 B6; B11; G | I | x |
| 5 Degania »B«/Jordantal | 1920 | 757/398 | A1; A2; A3 B1; C2 | I | x |
| 6 En Harod Ichud/Yizreeltal | 1921 | 773/360 | A1; A3 B1; B4 | I | |
| 7 En Harod Me'uhad/Yizreeltal | 1921 | 889/481 | A1; A2; A3 B10; B11 C2; C3 | I | |
| 8 Geva/Yizreeltal | 1921 | 692/323 | A1; A2; A3 B2 | I | |
| 9 Bet Alfa/Yizreeltal | 1922 | 851/492 | A1; A2; A3 B1; B2 | I | |
| 10 Gennigar/Yizreeltal | 1922 | 580/261 | A1; A2; A3 B3 | I | |
| 11 Hefzi Bah/Yizreeltal | 1922 | 606/262 | A1; A2; A3 B2; B11; C2 | I | |
| 12 Mishmar Ha Emeq/Yizreeltal | 1922 | 817/480 | A1; A32; A3 B11; C2 | II | |
| 13 Tel Yosef/Yizreeltal | 1922 | 513/305 | A1; A2; A3 B1; B9; C3 | I | |
| 14 Mizra/Yizreeltal | 1923 | 810/447 | A1; A3 B5; B11; C2 | II | |
| 15 Afiquim/Jordantal | 1924 | 1509/844 | A1; A2; A3 B1; C3 | I | x |
| 16 Ashdot Ya'aqov Me'uhad/Jordantal | 1924 | 585/286 | A1; A2; A3 B1; B10 | I | x |
| 17 Gevat/Yizreeltal | 1925 | 826/483 | A2; A3 B3; B5 | I | |
| 18 Ramat Dawid/Yizreeltal | 1926 | 379/178 | A1; A2; A3 B1; C2 | I | |
| 19 Sarid/Karmel | 1926 | 683/404 | A1; A2; A3 B1; B10; C2 | II | |
| 20 Yifat/Yizreeltal | 1926 | 586/224 | A1; A2; A3 B1; B2 | I | |
| 21 Bet Zera/Jordantal | 1927 | 741/406 | A1; A2; A3 B1; B3 | II | x |
| 22 Merhavya/Yizreeltal | 1929 | 614/376 | A1; A2; A3 B11 | II | |

| | Name/geogr. Lage | Gründ.-jahr | Bev./Mitgl. | Wirt.-zweige | KV | GL |
|---|---|---|---|---|---|---|
| 23 | Kefar Hachoresh/westl. von Nazareth | 1933 | 529/229 | A1; A2; A3 B5 | I | |
| 24 | Ashdot Ya'aqov Ihud/Jordantal | 1934 | 653/336 | A1; A2; A3 B3 | I | x |
| 25 | Alonim/Yizreeltal | 1935 | 626/297 | A1; A2; A3 B1; C2; C3 | I | |
| 26 | Bet Ha Shitta/Yizreeltal | 1936 | 1301/604 | A1; A2; A3 B1; B5; C2 | I | |
| 27 | Ha Zorea/Yizreeltal | 1936 | 978/550 | A1; A2; A3 B3; B4; C2 | II | |
| 28 | Nir Dawid/Jordantal | 1926 | 717/419 | A1; A2; A3 | II | |
| 29 | Shamir/Nordgaliläa | 1936 | 469/308 | A1; A2; A3 B10; B11 | II | |
| 30 | Chulata/Nordgaliläa | 1936 | 588/221 | A1; A2; A3 B10; B11 | I | |
| 31 | En Gev/Ostgaliläa | 1937 | 662/251 | A1; A2; A3 B5; B11 | I | x |
| 32 | En Ha Shofet/Yizreeltal | 1937 | 804/436 | A1; A2; A3 | II | |
| 33 | Ginnosar/Jordantal | 1937 | 580/261 | A1; A2; A3 B2; G | I | |
| 34 | Ma'oz Hayyim/Bet-Sheantal | 1937 | 660/326 | A1; A2; A3 B3 | I | x |
| 35 | Massada/Jordantal | 1937 | 510/218 | A1; A2; A3 B1; B3 | I | x |
| 36 | Sedè Nahum/Bet-Sheantal | 1937 | 308/148 | A1; A2; A3 B3 | I | |
| 37 | Sha'ar Ha Golan/Jordantal | 1937 | 764/412 | keine Angaben | II | |
| 38 | Tirat Zevi/Jordantal | 1937 | 765/323 | A1; A2; A3 B5 | III | |
| 39 | Elon/Nordgaliläa | 1938 | 726/448 | A1; A3; B1 | II | x |
| 40 | Hanita/Nordgaliläa | 1938 | 698/315 | A1; A2; A3 B1; B6; C2; G | I | x |
| 41 | Kefar Ruppin/Bet-Sheantal | 1938 | 532/198 | A1; A2; A3 B3; C2 | I | x |
| 42 | Mesillot/Bet-Sheantal | 1938 | 640/331 | A1; A2; A3 | II | |
| 43 | Newè Etan/Südgaliläa | 1938 | 367/153 | A1; A2; A3 | I | x |
| 44 | Amir/Nordgaliläa | 1939 | 530/360 | A1; A2; A3 B8; B9 | II | x |
| 45 | Dafna/Nordgaliläa | 1939 | 724/331 | A1; A3; B8 | I | x |

| Name/geogr. Lage | Gründ.-jahr | Bev./Mitgl. | Wirt.-zweige | KV | GL |
|---|---|---|---|---|---|
| 46 Dan/Nordgaliläa | 1939 | 573/310 | A1; A2; A3 B11 | II | |
| 47 Gesher/Jordantal | 1939 | 574/248 | A1; A2; A3 B2; B11; C2 | I | x |
| 48 Mahanayim/Nordgaliläa | 1939 | 500/189 | A1; A2; A3 B1 | I | |
| 49 Sede Eliyyahn/Jordantal | 1939 | 678/293 | A1; A2; A3 C2 | III | |
| 50 Lahavot Ha Bashan/Nordgaliläa | 1940 | 456/299 | A1; A2; B11 | II | x |
| 51 Mazzuva/Nordgaliläa | 1940 | 666/268 | A1; A2; A3 B8; B10, C2 | I | x |
| 52 Ramat Ha Shofet/Yizreeltal | 1941 | 745/391 | A1; A2; A3 B3; B4; A3 | II | |
| 53 Sede Nehemya/Nordgaliläa | 1941 | 441/198 | A2; A3; B3 | I | x |
| 54 Hamadya/Südgaliläa | 1942 | 572/251 | A1; A2; A3 B3; B10 | I | x |
| 55 Kefar Szold/Nordgaliläa | 1942 | 628/342 | A1; A2; B11 | I | x |
| 56 Ma'yan Barukh/Nordgaliläa | 1942 | 409/147 | A1; A2; A3 B11 | I | x |
| 57 Kefar Blum/Nordgaliläa | 1943 | 727/374 | A1; A2; A3 B2; B11; G | I | x |
| 58 Menara Nordgaliläa | 1943 | 363/142 | A2 B1; B6 | I | x |
| 59 Bet Qeshet/nördl. v. Berg Tabor | 1944 | 371/181 | A1; A2; A3 B1; B3 | I | |
| 60 Reshafim/Bet-Sheantal | 1944 | 507/317 | A1; A2; A3 B3 | II | |
| 61 Evron/Westgaliläa | 1945 | 642/361 | A1; A3 B11 | II | |
| 62 Misgav'Am/Nordgaliläa | 1945 | 389/103 | A1; A2; A3 B8 | I | x |
| 63 Ammi'ad/Nordgaliläa | 1946 | 397/203 | A1; A2; A3 B1 | I | |
| 64 Daverat/Yizreeltal | 1946 | 407/179 | A1; A2; A3 B11; C3 | I | |
| 65 En Ha Naziv/Bet-Sheantal | 1946 | 585/289 | A1; A2 B2 | III | |
| 66 Huqoq/Nordgaliläa | 1946 | 352/177 | A1; A2; A3 B1; B2 | I | |
| 67 Neot Mordekhay/Hilehtal | 1946 | 797/329 | A1; A3 B3; B8; B11 | I | x |
| 68 Regba/Westgaliläa | 1946 | 570/274 | keine Angaben | V | |

|    | Name/geogr. Lage | Gründ.-jahr | Bev./Mitgl. | Wirt.-zweige | KV | GL |
|----|------------------|-------------|-------------|--------------|-----|----|
| 69 | Yehi'am/Westgaliläa | 1946 | 567/307 | A2; A3 B1; B5 | II | |
| 70 | En Dor/Südgaliläa | 1948 | 670/358 | A1; A2; A3 B2; C2 | II | |
| 71 | Ga'ton/Nordgaliläa | 1948 | 448/362 | A1; A2; A3 B1 | II | |
| 72 | Ha Gosherim/Nordgaliläa | 1948 | 641/259 | A1; A3 B10; G | I | x |
| 73 | Kefar Ha Nasi/Nordgaliläa | 1948 | 663/288 | A1; A2; A3 B1; C2 | I | |
| 74 | Sa'ar/Westgaliläa | 1948 | 319/200 | A1; A2; A3 | I | |
| 75 | Shamerat/Westgaliläa | 1948 | 504/219 | A2; A3; B4; B8; C3 | II | |
| 76 | Sheluhot/Bet-Sheantal | 1948 | 552/250 | A11; A2; A3 B1; B10; C2; C3 | III | |
| 77 | Tel Qazir/Jordantal | 1948 | 390/154 | A1; A2; A3 B1 | I | x |
| 78 | Yiftah/Nordgaliläa | 1948 | 586/224 | A1; A2; A3 B11 | I | x |
| 79 | Yizre'el/Yizreeltal | 1948 | 582/215 | A1; A2; A3 B2 | I | |
| 80 | Bar'am/Nordgaliläa | 1949 | 514/248 | A1; A2; A3 B3; C3 | II | x |
| 81 | Bet Ha Emeq/Westgaliläa | 1949 | 626/238 | A1; A2; A3 B11 | I | |
| 82 | Farod/Nordgaliläa | 1949 | 355/160 | A1; A2; A3 B10; C3 | I | |
| 83 | Gadot/Nordgaliläa | 1949 | 355/160 | A3 B3 | I | |
| 84 | Gesher Haziv/Westgaliläa | 1949 | 574/248 | A2; A3 B3; G | I | |
| 85 | Giv'at Oz/Yizreeltal | 1949 | 444/268 | A1; A2; A3 B4; C2 | II | |
| 86 | Ha On/Ostgaliläa | 1949 | 272/90 | A1; A2; A3 C3 | I | x |
| 87 | Ha Solelim/Zentralgaliläa | 1949 | 303/117 | A1; A2; A3 B2 | I | |
| 88 | Kabri/Westgaliläa | 1949 | 876/382 | A1; A2; A3 B1; B8; B11 | I | |
| 89 | Lavi/Zentralgaliläa | 1949 | 605/234 | A1; A3; C3; G | III | |
| 90 | Lohamei Ha Getaot/Westgaliläa | 1949 | 506/260 | A1; A2; A3 B11 | I | |
| 91 | Ma'agan/Jordantal | 1949 | 372/182 | A1; A2; A3 C3 | I | x |

| | Name/geogr. Lage | Gründ.-jahr | Bev./Mitgl. | Wirt.-zweige | KV | GL |
|---|---|---|---|---|---|---|
| 92 | Malikyya/Nordgaliläa | 1949 | 478/189 | A1; A2; A3 B11; C3 | I | x |
| 93 | Megiddo/Yizreeltal | 1949 | 404/225 | keine Angaben | II | |
| 94 | Newe Ur/Südgaliläa | 1949 | 379/138 | A1; A2; A3 B1; C3 | I | x |
| 95 | Rosh Ha Nigra/Westgaliläa | 1949 | 613/266 | A1; A2; A3 C3 | I | x |
| 96 | Sasa/Nordgaliläa | 1949 | 521/235 | A1; A2; A3 C3 | II | x |
| 97 | Yas'ur/Westgaliläa | 1949 | 382/217 | A1; A2; A3 B2; B4 | II | |
| 98 | Yir'on/Nordgaliläa | 1949 | 477/166 | A1; A2; A3 B3 | I | x |
| 99 | Gazit/Südgaliläa | 1950 | 629/345 | A1; A2; A3 B1; B3 | II | |
| 100 | Gonen/Ostgaliläa | 1953 | 494/152 | A1; A2; A3 B11; C3 | I | x |
| 101 | Yodefat/Zentralgaliläa | 1960 | 245/85 | keine Angaben | V | |
| 102 | Ma'ale Gilboa/Südgaliläa | 1968 | 345/98 | A1; A3 C3 | III | |
| 103 | Senir/Nordostgaliläa | 1968 | 234/109 | A1; A2; A3 B11; C3 | II | x |
| 104 | Alummot/Südgaliläa | 1969 | 261/109 | A1; A2; A3 B1; C3 | I | |
| 105 | Adamit/Nordgaliläa | 1971 | 188/96 | A2; A3 | II | x |
| 106 | Moran/Zentralgaliläa | 1978 | 185/74 | A1; A2; A3 B3; B10 | I | |
| 107 | Lotem/Zentralgaliläa | 1978 | 160/60 | A1; A3 B11 | I | |
| 108 | Bet Rimmon/Zentralgaliläa | 1979 | 113/45 | keine Angaben | III | |
| 109 | Kishor/Nordgaliläa | 1980 | 24/20 | keine Angaben | II | |
| 110 | Pelekh/Nordgaliläa | 1980 | 30/12 | keine Angaben | II | |
| 111 | Qaddarim/Zentralgaliläa | 1980 | 69/33 | keine Angaben | II | |
| 112 | Shorashim/keine Angaben | 1980 | 113/42 | B2; B6 | V | |
| 113 | Tuval/Zentralgaliläa | 1981 | 164/66 | A1; A2 B11; C3 | I | |
| 114 | Harduf/Westgaliläa | 1982 | 60/(–) | A1; A2 B5; B11 | I | |

| Name/geogr. Lage | Gründ.-jahr | Bev./Mitgl. | Wirt.-zweige | KV | GL |
|---|---|---|---|---|---|
| 115 Malkishua/ Südgaliläa | 1982 | 70/(–) | keine Angaben | III | |
| 116 Ravid/ Zentralgaliläa | 1982 | 28/1 | A1; A2; A3 B8; B10 | I | |
| 117 Hanaton/ Zentralgaliläa | 1983 | 89/36 | keine Angaben | I | |

## II. Golan

| | | | | | |
|---|---|---|---|---|---|
| 1 Merom Golan/ nördl. Golan | 1967 | 487/182 | A1; A2; A3 B10; C2 | I | x |
| 2 En Ziwan/ nördl. Golan | 1968 | 312/108 | A1; A2; A3 B3 | I | x |
| 3 Mevo Hamma/ südl. Golan | 1968 | 323/136 | A1; A2; A3 B2; B11; C1 | I | |
| 4 El Rom/ nördl. Golan | 1971 | 184/84 | A1; A2; A3 B3 | I | x |
| 5 Afiq/ südl. Golan | 1972 | 328/120 | A1; A2; A3 B11 | I | |
| 6 Kefar Haruv/ südl. Golan | 1973 | 238/100 | A2; A3 B11; C1 | I | |
| 7 Geshur/ südl. Golan | 1976 | 139/88 | A1; A2; A3 B5 | II | |
| 8 Ortal/ nördl. Golan | 1978 | 81/28 | A1; A2; A3 B11 | I | |
| 9 Natur/ südl. Golan | 1979 | 52/41 | keine Angaben | II | |
| 10 Mezar/ südl. Golan | 1981 | 84/49 | A1; A2 B11 | I | x |

## III. Haifa-Distrikt

| | | | | | |
|---|---|---|---|---|---|
| 1 Gan Shemu'el/ nördl. v. Hadera | 1921 | 1030/533 | A1; A2; A3 B11; C2 | I | |
| 2 Yagur/ Bucht v. Haifa | 1922 | 1431/757 | A1; A2; A3 B1; B3; B11 | I | |
| 3 En Shemer/ nördl. v. Hadera | 1927 | 674/397 | A1; A2; A3 B3; C2; C3 | II | |
| 4 En Ha Horesh/ südl. v. Hadera | 1929 | 850/465 | A2; A3; B11 | II | |
| 5 Ramat Yohanan/ östl. v. Haifa | 1931 | 750/391 | A1; A2; A3 B3; C2 | I | |
| 6 Giv'at Hayyim Me'uhad/ nördl. v. Netanya | 1932 | 1152/577 | A1; A2; A3 B1; B5 | I | |
| 7 Kefar Masaryk/ nördl. v. Haifa | 1933 | 665/397 | A1; A2 B2; B11 | II | |

| | Name/geogr. Lage | Gründ.-jahr | Bev./Mitgl. | Wirt.-zweige | KV | GL |
|---|---|---|---|---|---|---|
| 8 | Ma'barot/ nördl. v. Netanya | 1933 | 743/413 | A2; A3; B7; B11; C2 | | II |
| 9 | Mishmarot/ Sharonebene | 1933 | 334/170 | A1; A2; A3 B4; B6 | | II |
| 10 | Afeq/ Zevuluntal | 1935 | 546/278 | A1; A2; A3 B2; B11 | | I |
| 11 | Sha'ar Ha Amaqim/ Karmelgebirge | 1935 | 677/401 | A1; A2 B11 | | II |
| 12 | Kefar Glickson/ Sharonebene | 1936 | 411/210 | A1; A2; A3 B11 | | I |
| 13 | Kefar Ha Maccabi/ Bucht v. Haifa | 1936 | 412/198 | A1; A2; A3 B3; B11 | | I |
| 14 | Usha/ westl. v. Haifa | 1937 | 431/233 | A1; A2; A3 B5; B6 | | I |
| 15 | En Ha Mifraz/ südl. v. Akko | 1938 | 819/449 | A1; A2 B11; C2 | | II |
| 16 | Ma'yan Zevi/ nördl. v. Caesarea | 1938 | 671/298 | A1; A2; A3 B6; C2; C3 | | I |
| 17 | Bet Oren/ Karmelgebirge | 1939 | 198/73 | A1; A2; A3 | | I |
| 18 | Daliyya/ Karmelgebirge | 1939 | 852/497 | A2; A3 B11 | | II |
| 19 | Newe Yam/ südl. v. Atlit | 1939 | 172/81 | A1; A2; A3 B5; B11 | | I |
| 20 | Sedot Yam/ nördl. v. Ceasarea | 1940 | 765/334 | A1; A2; A3 B5; B11 C1; C2; G | | I |
| 21 | Ma'anit/ östl. v. Hadera | 1942 | 600/360 | A1; A2; A3 C3 | | II |
| 22 | Gal'ed/ Karmelgebirge | 1945 | 411/168 | A2; A3 B3 | | I |
| 23 | Ha Ma'pil/ n.-östl. v. Netanya | 1945 | 605/333 | A1; A3 B11; C3 | | II |
| 24 | En Karmel/ südl. v. Atlit | 1947 | 454/253 | A1; A2; A3 B3; C3 | | I |
| 25 | Nasholim/ Mittelmeerküste | 1948 | 433/186 | A1; A2; A3 B3; G | | I |
| 26 | Ramot Menashe/ Karmelgebirge | 1948 | 601/373 | A2; A3 B11; C3 | | II |
| 27 | Barqay/ n.-östl. v. Hadera | 1949 | 521/277 | A1; A2; A3 B3 | | II |
| 28 | Ha Bonim/ Mittelmeerküste | 1949 | 235/119 | keine Angaben | | V |
| 29 | Lahavot Haviva/ s.-östl. v. Hadera | 1949 | 297/174 | A2; A3; C3 | | II |

| Name/geogr. Lage | Gründ.-jahr | Bev./Mitgl. | Wirt.-zweige | KV | GL |
|---|---|---|---|---|---|
| 30 Ma'agan Mikha'el/ Mittelmeerküste | 1949 | 1184/501 | A1; A2; A3 B3; B4; C2 | I | |
| 31 Regavim/ östl. v. Caesarea | 1949 | 403/168 | A1; A2; A3 B3; C2; C3 | I | |
| 32 Ha Hoterim/ südl. v. Haifa | 1951 | 626/252 | A1; A2; A3 B3; B8 | I | |
| 33 Giv'at Hayyim/ Ihud/Sharonebene | 1952 | 883/460 | A1; A2; A3 B11 | I | |
| 34 Maggal/ s.-östl. v. Hadera | 1953 | 505/179 | A2; A3 B11 | I | |
| 35 Mezer/ östl. v. Hadera | 1953 | 360/207 | A1; A2; A3 B3; B8 | II | |

**IV. Zentral-Distrikt**

| | | | | | |
|---|---|---|---|---|---|
| 1 Hulda/ südl. v. Ramla | 1910 | 426/187 | A1; A2; A3 B2 | I | |
| 2 Giv'at Ha Shelosha/ östl. v. Tel Aviv | 1925 | 468/286 | A1; A3 B8; C3 | I | |
| 3 Qevuzat Shiller/ südl. v. Rehovot | 1927 | 474/203 | A2; A3 C3 | I | |
| 4 Giv'at Brenner/ südl. v. Rehovot | 1928 | 1614/874 | A1; A2; A3 B4; B5 C2; C3 | I | |
| 5 Na'an/ südl. v. Ramla | 1930 | 1210/639 | A1; A2; A3 B11; C2; C3 | I | |
| 6 Ramat Ha Kovesh/ n.-östl. v. Herzliyya | 1932 | 655/358 | A1; A2; A3 B11 | I | |
| 7 Mishmar Ha Sharon/ Hefertal | 1933 | 611/262 | A1; A2; A3 C2; C3 | I | |
| 8 Shefayim/ Mittelmeerküste | 1935 | 784/347 | A1; A2; A3 C1; G | I | |
| 9 Tel Yizhaq/ Sharonebene | 1938 | 331/156 | A2; A3 B10; B11 C3 | I | |
| 10 Ha'Ogen/ Hefertal | 1939 | 681/397 | A1; A3 B3; C2 | II | |
| 11 Yavne/ s.-westl. v. Rehovot | 1940 | 825/438 | A1; A3 C2 | III | |
| 12 Be'erot Yizhaq/ östl. v. Tel Aviv | 1943 | 484/192 | A1; A2; A3; B1; C2; C3 | III | |
| 13 Hafez Hayyim/ östl. v. Ashdod | 1944 | 490/210 | A1; A2; A3 G | IV | |
| 14 Yaqum/ Mittelmeerküste | 1947 | 505/281 | A2; A3 B11 | II | |

| | Name/geogr. Lage | Gründ.-jahr | Bev./Mitgl. | Wirt.-zweige | KV | GL |
|---|---|---|---|---|---|---|
| 15 | Nezer Sereni/ westl. v. Ramla | 1948 | 649/354 | A1; A2; A3 B1; B2; B3; B11; C2 | I | |
| 16 | Eyal/ Sharonebene | 1949 | 352/149 | A1; A2; A3 B6 | I | |
| 17 | Nahshonim/ östl. v. Tel Aviv | 1949 | 219/131 | A2; A3 B11; C3 | II | |
| 18 | Palmahim/ Mittelmeerküste | 1949 | 492/181 | A1; A2; A3 B10; C3 | I | |
| 19 | Yad Hanna/ Hefertal | 1950 | 130/75 | A1; A2; A3 | II | |
| 20 | Ga'ash/ nörd. v. Tel Aviv | 1951 | 643/335 | A1; A3 B11 | II | |
| 21 | Kefar Daniyyel/ südl. v. Lod | 1951 | 171/82 | keine Angaben | V | |
| 22 | Nir Eliyyahu/ Sharonebene | 1951 | 389/175 | A1; A2; A3 B3 | I | |
| 23 | Sha'alvim s.-östl. v. Lod | 1951 | 270/110 | C2 | IV | |
| 24 | Enat/ Sharonebene | 1952 | 458/294 | A1; A2; A3 B11; C3 | I | |
| 25 | Bahan/ östl. v. Netanya | 1954 | 417/156 | A1; A2; A3 B3 | I | |
| 26 | Horeshim/ n.-östl. v. Tel Aviv | 1955 | 268/131 | keine Angaben | II | |

**V. Tel Aviv-Distrikt**

| | Name/geogr. Lage | Gründ.-jahr | Bev./Mitgl. | Wirt.-zweige | KV | GL |
|---|---|---|---|---|---|---|
| 1 | Gelil Yam/ südl. v. Herzliyya | 1943 | 375/189 | keine Angaben | I | |

**VI. Jerusalem-Distrikt**

| | Name/geogr. Lage | Gründ.-jahr | Bev./Mitgl. | Wirt.-zweige | KV | GL |
|---|---|---|---|---|---|---|
| 1 | Qiryat Anavim/ westl. v. Jerusalem | 1920 | 408/192 | A1; A2; A3 B1; G | I | |
| 2 | Ramat Rahel/ südl. v. Jerusalem | 1926 | 320/119 | A2; A3 C1; C2; C3; G | I | |
| 3 | Ma'ale Ha Hamisha westl. v. Jerusalem | 1938 | 468/200 | A2; A3 C3; G | I | |
| 4 | Gezer/ südl. v. Ramla | 1945 | 223/97 | A1; A2; A3 B11 | I | |
| 5 | Harel/ westl. v. Jerusalem | 1948 | 96/49 | A1; A2; A3 B11 | II | |
| 6 | Ufa Zuba/ westl. v. Jerusalem | 1948 | 554/204 | A1; A2; A3 B11; C2; C3 | I | |

|    | Name/geogr. Lage | Gründ.-jahr | Bev./Mitgl. | Wirt.-zweige | KV | GL |
|----|------------------|-------------|-------------|--------------|----|----|
| 7  | Mishmar Dawid/ Ayalontal | 1949 | 202/72 | A2; A3 B1; B9; C3 | I | |
| 8  | Netiv HaLamed-He Eylatal | 1949 | 430/191 | A1; A2; A3 B11; C3 | I | |
| 9  | Nashon s.-östl. v. Lod | 1950 | 437/218 | A2; A3 B11 | II | |
| 10 | Newe Ilan/ westl. v. Jerusalem | 1973 | 321/116 | keine Angaben | V | |

**VII. Süden (Negev)**

|    | Name/geogr. Lage | Gründ.-jahr | Bev./Mitgl. | Wirt.-zweige | KV | GL |
|----|------------------|-------------|-------------|--------------|----|----|
| 1  | Hazor/ östl. v. Ashdod | 1937 | 678/391 | A1; A2; A3 B1; C2; C3 | II | |
| 2  | Kefar Menahem/ s.-östl. v. Ashdod | 1939 | 580/365 | A1; A2 B1; C3 | II | |
| 3  | Negba/ östl. v. Ashqelon | 1939 | 614/353 | A1; A2; A3 B3; B8 | II | |
| 4  | Dorot/ n.-westl. Negev | 1941 | 616/280 | A1; A2; A3 B1; C3 | I | |
| 5  | Gat/ nördl. v. Qiryat Gat | 1942 | 494/308 | A1; A2; A3 B11; C2; C3 | II | |
| 6  | Gevar'am/ s.-östl. v. Ashqelon | 1942 | 330/147 | A1; A2; A3 B11 | I | |
| 7  | Gevulot/ westl. v. Beersheva | 1943 | 275/187 | A1; A2; A3 | II | |
| 8  | Nir'am/ n.-östl. v. Gaza | 1943 | 421/185 | A1; A2; A3 B1 | I | |
| 9  | Nizzanim/ südl. v. Ashdod | 1943 | 418/210 | A1; A2; A3 B4; B10 | I | |
| 10 | Revivim/ südl. v. Beersheva | 1943 | 676/271 | A1; A2; A3 B3; C2 | I | |
| 11 | Yad Mordekhay/ südl. v. Ashqelon | 1943 | 794/394 | A1; A2; A3 C3 | II | |
| 12 | Ruhama/ n.-westl. Negev | 1944 | 635/354 | A2; A3 B11 | II | |
| 13 | Be'eri/ westl. Negev | 1946 | 807/345 | A1; A2; A3 B9 | I | |
| 14 | En Zurim/ n.-östl. v. Ashqelon | 1946 | 598/233 | A1; A2; A3 C2; C3 | III | |
| 15 | Gal'on/ n.östl. v. Qirat Gat | 1946 | 465/269 | A2; A3; B11; C3 | II | |
| 16 | Hazerim/ westl. v. Beersheva | 1946 | 721/264 | A1; A2; A3 B11 | I | |
| 17 | Mishmar Ha Negev/ nördl. v. Beersheva | 1946 | 689/301 | A1; A2; A3 B3; C2; C3 | I | |
| 18 | Nirim/ n.-westl. Negev | 1946 | 467/239 | A1; A2; A3 B11 | II | |

| | Name/geogr. Lage | Gründ.-jahr | Bev./Mitgl. | Wirt.-zweige | KV | GL |
|---|---|---|---|---|---|---|
| 19 | Shoval/ nördl. Negev | 1946 | 595/336 | A1; A2; A3 B1 | II | |
| 20 | Urim/ westl. Negev | 1946 | 647/264 | A1; A2; A3 B3 | I | |
| 21 | Gevim/ östl. v. Gaza | 1947 | 438/147 | A1; A2; A3 | I | |
| 22 | Revadim/ östl. v. Ashdod | 1947 | 409/207 | A1; A3 B11 | II | |
| 23 | Sa'ad/ s.-östl. v. Gaza | 1947 | 771/375 | A2; A3 C3 | III | |
| 24 | Beror Hayil/ n.-westl. Negev | 1948 | 719/289 | A1; A2; A3 B2; B5; B10 B11 | I | |
| 25 | Bet Guvrin/ östl. v. Qirat Gat | 1949 | 286/120 | A1; A2; A3 C3 | I | |
| 26 | Bet Qama/ nördl. Negev | 1949 | 438/210 | A1; A2; A3 | II | |
| 27 | Erez/ nördl. v. Gaza | 1949 | 442/158 | A1; A2; A3 B3 | I | |
| 28 | Magen/ westl. Negev | 1949 | 427/211 | A2; A3 B11 | II | |
| 29 | Mash'abbe Sade/ südl. v. Beersheva | 1949 | 505/225 | A1; A2; A3 B1 | I | |
| 30 | Mefallesim/ östl. v. Gaza | 1949 | 542/208 | A1; A2; A3 B1; B4 | I | |
| 31 | Nir Yizhaq/ westl. v. Beersheva | 1949 | 506/273 | A1; A3 B11 | II | |
| 32 | Re'im/ n.-westl. Negev | 1949 | 369/141 | A1; A2; A3 B11 | I | |
| 33 | Ze'elim/ westl. Negev | 1949 | 417/155 | A1; A2; A3 B11 | I | |
| 34 | Ziqim/ südl. v. Ashqelon | 1949 | 321/190 | A1; A2; A3 B3; B8 | II | |
| 35 | Zor'a Sorektal | 1949 | 892/312 | A1; A2; A3 B3; B8; C2 | I | |
| 36 | En'Ha Shelosha/ n.-westl. Negev | 1950 | 399/159 | A1; A2; A3 B11 | I | |
| 37 | Karmiyya/ südl. v. Ashqelon | 1950 | 314/175 | A1; A2; A3 B11 | II | |
| 38 | Dvir/ nördl. Negev | 1951 | 303/160 | A1; A2; A3 C3 | II | |
| 39 | Kissufim/ westl. Negev | 1951 | 444/161 | A2; A3 B6 | I | |
| 40 | Yotvata/ nördl. v. Eilat | 1951 | 643/223 | A1; A2; A3 B5; C2; C3 | I | |
| 41 | Lahav/nördl. Negev | 1952 | 484/228 | A2; A3; B3 | II | |

|    | Name/geogr. Lage | Gründ.-jahr | Bev./Mitgl. | Wirt.-zweige | KV | GL |
|----|------------------|-------------|-------------|--------------|-----|-----|
| 42 | Sede Boqer/ südl. v. Beersheva | 1952 | 440/125 | A1; A2; A3 B11; C3 | I | |
| 43 | Nahal Oz/ nördl. Negev | 1953 | 519/203 | A1; A2; A3 B1 | I | |
| 44 | Nir'Oz/ n.-westl. Negev | 1955 | 421/180 | A1; A2; A3 C3 | II | |
| 45 | En Gedi/ Totes Meer | 1956 | 583/249 | A1; A2; A3 B7; C1; C3; G | I | x |
| 46 | Bet Nir/ nördl. Negev | 1957 | 273/144 | A1; A2; A3 B1; B5 | II | |
| 47 | Kefar Azza/ östl. v. Gaza | 1957 | 675/243 | A1; A2; A3 B3 | I | |
| 48 | Or Ha Ner/ nördl. Negev | 1957 | 438/163 | A1; A2; A3 B11 | I | |
| 49 | Elot/ nördl. v. Eilat | 1962 | 404/100 | A1; A2; A3 B2; C3 | I | x |
| 50 | Alumim/ westl. Negev | 1966 | 448/122 | A2; A3; C3 | III | |
| 51 | Gerofit/ nördl. v. Eilat | 1966 | 248/89 | A1; A2; A3 B11; C3 | I | x |
| 52 | Sede Yo'av/ nördl. Negev | 1966 | 270/122 | A1; A2; A3 C3 | II | |
| 53 | Kerem Shalom westl. v. Beersheva | 1968 | 156/65 | A1; A2; A3 C3 | II | x |
| 54 | Qetura/ südl. Negev | 1973 | 219/97 | A1; A2; A3 B1; C3 | I | x |
| 55 | Ashalim/ westl. v. Dimona | 1976 | 148/41 | A1; A2; A3 C3 | V | |
| 56 | Samar/ nördl. v. Eilat | 1976 | 96/54 | A2; A3 C3 | II | x |
| 57 | Yahel/ südl. Negev | 1976 | 194/72 | A2; A3 C1; C3 | I | x |
| 58 | Sufa/ westl. v. Beersheva | 1977 | 142/63 | A2; A3 B11 | I | |
| 59 | Holit/ westl. v. Beersheva | 1978 | 146/61 | A1; A2; A3 | I | |
| 60 | Telalim/ südl. v. Beersheva | 1978 | 106/50 | A1; A2; A3 B10; C3 | I | |
| 61 | Retamim/ südl. v. Beersheva | 1979 | 55/40 | A2; A3 | I | |
| 62 | Shizzafon/ südl. Negev | 1980 | 25/1 | keine Angaben | I | |
| 63 | Keramim/ n.-östl. v. Beersheva | 1981 | 46/27 | keine Angaben | II | |
| 64 | Elifaz/ nördl. v. Eilat | 1983 | 32/30 | keine Angaben | II | x |

| Name/geogr. Lage | Gründ.-jahr | Bev./Mitgl. | Wirt.-zweige | KV | GL |
|---|---|---|---|---|---|
| 65 Lotan/ südl. Negev | 1983 | 52/40 | keine Angaben | I | x |
| 66 Har Amasa/ n.-östl. v. Beersheva | 1985 | 56/0 | keine Angaben | | |
| 67 Neve-Chavit/ südl. Negev | 1986 | (–)/(–) | keine Angaben | | |

### VIII. Westbank (Judäa und Samaria)/Gaza

| | Name/geogr. Lage | Gründ.-jahr | Bev./Mitgl. | Wirt.-zweige | KV | GL |
|---|---|---|---|---|---|---|
| 1 | Kefar Ezyon/ südl. v. Jerusalem | 1967 | 445/121 | A1; A2; A3 | III | |
| 2 | Rosh Zurim/ s.-westl. v. Bethlehem | 1969 | 283/83 | A1; A2; A3 B1; B2; C3 | III | |
| 3 | Gilgal/ nördl. v. Jericho | 1970 | 222/63 | keine Angaben | I | x |
| 4 | Netzarim/ keine Angaben | 1972 | (–)/(–) | keine Angaben | III | |
| 5 | Qalia/ nördl. Totes Meer | 1974 | 227/88 | A1; A2; A3 C1 | I | x |
| 6 | Na'aran/ Jordangraben nördl. v. Jericho | 1975 | 133/72 | A1; A2; A3 B1; C2 | I | x |
| 7 | Yitav/ nördl. v. Jericho | 1976 | 42/0 | keine Angaben | I | x |
| 8 | Migdal Oz/ nördl. v. Hebron | 1977 | 155/54 | keine Angaben | III | |
| 9 | Mizpe Shalem Totes Meer | 1977 | 127/56 | A1; A2; A3 B11; C1; C3 | I | x |
| 10 | Almog/ Jordangraben östl. v. Jerusalem | 1979 | 103/43 | A2; A3 C3 | I | x |

# Politik und Zeitgeschehen

Robert N. Bellah u. a.
**Gewohnheiten des Herzens**
Individualismus und Gemeinsinn in
der amerikanischen Gesellschaft

Gerhard Bauer
**Sprache und Sprachlosigkeit
im »Dritten Reich«**
Mit 25 Abbildungen

Gerhard W. Brück
**Von der Utopie
zur Weltanschauung**
Zur Geschichte und Wirkung
der sozialen Ideen in Europa

Ilse Brusis,
Dieter Kretschmer (Hrsg.)
**Weg mit dem Teufelsdreck!**
Für ein weltweites C-Waffen-
Verbot und ein chemiewaffenfreies
Europa

Walter Fabian, Kurt Lenz (Hrsg.)
**Die Friedensbewegung**
Ein Handbuch der Weltfriedens-
strömungen der Gegenwart
Reprint des 1922 in Berlin
erschienenen Handbuchs
Mit einem aktuellen Vorwort
von Walter Fabian

Rudolf Hickel,
Jan Priewe
**Finanzpolitik für Arbeit
und Umwelt**

Otto Huter, Werner Schneider,
Bernd Schütt (Hrsg.)
**Umweltschutz für uns**
Das Handbuch zur ökologischen
Erneuerung

Norbert W. Kunz (Hrsg.)
**Ökologie und Sozialismus**
Perspektiven einer umwelt-
freundlichen Politik

Arnold Künzli
**Mein und Dein**
Zur Ideengeschichte der
Eigentumsfeindschaft

Elke Leonhard
**Die Genossen –
wie sie sind und wie sie waren**

**Lexikon des Sozialismus**
Herausgegeben von Thomas Meyer,
Karl-Heinz Klär, Susanne Miller,
Klaus Novy und Heinz Timmermann

Susanne Miller,
Malte Ristau (Hrsg.)
**Gesellschaftlicher Wandel –
Soziale Demokratie
125 Jahre SPD**
Historische Erfahrungen,
Gegenwartsfragen,
Zukunftskonzepte

Hermann Scheer
**Die Befreiung von der Bombe**
Weltfrieden, europäischer Weg und
die Zukunft der Deutschen

Klaus Schomacker u. a.
**Alternative Produktion
statt Rüstung**
Gewerkschaftliche Initiativen für
sinnvolle Arbeit und sozial
nützliche Produkte

Klaus Tenfelde u. a.
**Geschichte der deutschen
Gewerkschaften**
Von den Anfängen bis 1945

# Bund-Verlag

# Politik und Zeitgeschehen

Industriegewerkschaft
Metall (Hrsg.)
Reihe:
**Die andere Zukunft –
Solidarität und Freiheit**
Materialbände zur Vorbereitung
des internationalen Zukunfts-
kongresses 1988

Band 1
**Umweltschutz zwischen
Reparatur und realer Utopie**
Wege aus der Bedrohung

Band 2
**Arbeit und Gesellschaft
solidarisch gestalten**
Die Zukunft der sozialstaatlichen
Demokratie

Band 3
**Soziales Wirtschaften durch
solidarisches Handeln**
Wirtschaftspolitische Alternativen

Band 4
**Technologieentwicklung
und Techniksteuerung**
Für die soziale Gestaltung
von Arbeit und Technik

Band 5
**Ältere Menschen
im Sozialstaat**
Für eine solidarische Sozialpolitik

Band 6
**Tarifpolitik im Strukturwandel**
Arbeitsverfassung und industrielle
Demokratie

IG Metall (Hrsg.)
**Wofür wir streiten –
Solidarität und Freiheit**
Internationaler Zukunfts-
kongreß 1988
Die Ergebnisse dokumentiert
dieser Tagungsband.

Ernst Breit (Hrsg.)
**Für ein soziales Europa**
Binnenmarkt '92

Martin Frey, Paul Schobel
**Konflikt um den Sonntag**
Der Fall IBM und die Folgen

Oskar Negt, Christine Morgenroth,
Heiko Geiling, Edzard Niemeyer
**Emanzipationsinteressen
und Organisationsphantasie**
Eine ungenutzte Wirklichkeit der
Gewerkschaften?
Zur Erweiterung sozialkultureller
Handlungsfelder am Beispiel
der DGB-Ortskartelle

Yvonne Kejcz
**Werkstatt der Solidarität**
Das WERK in Stuttgart –
Ein Modell stadtteilbezogener
gewerkschaftlicher Kulturarbeit
Vorwort: Lothar Zimmermann
Mit zahlreichen Abbildungen

Hermann Weber
**Kommunistische Bewegung
und realsozialistischer Staat**
Beiträge zum deutschen und internationalen Kommunismus.
Ausgewählt, herausgegeben und
eingeleitet von Werner Müller

# Bund-Verlag